邢台农业

品牌故事

邢台市农业农村局 编著

中国农业出版社
北京

图书在版编目(CIP)数据

邢台农业品牌故事 / 邢台市农业农村局编著. -- 北

京：中国农业出版社, 2024.3

　　ISBN 978-7-109-31850-2

Ⅰ. ①邢... Ⅱ. ①邢... Ⅲ. ①农产品—商业品牌—介

绍—邢台 Ⅳ. ①F327.223

中国国家版本馆CIP数据核字(2024)第059332号

邢台农业品牌故事
XING TAI NONG YE PIN PAI GU SHI

中国农业出版社出版

地址：北京市朝阳区麦子店街18号楼
邮编：100125
责任编辑：程　燕
策划设计：互动智造
版式设计：冀美西　　王少晗　　闫省省
责任校对：吴丽婷
印刷：北京中科印刷有限公司
版次：2024年4月第1版
印次：2024年4月北京第1次印刷
发行：新华书店北京发行所
开本：889mm×1194mm　　1/16
印张：18.75　　　　插页：1
字数：350千字
定价：298.00元

编 委 会

序

2023年4月4日。

邢台宁晋县大陆村。

雨后的空气，清心爽朗。

村外高标准农田的田间道路上人头攒动，他们一边听着工作人员的讲解，一边观摩眼前生机勃勃的麦田。田间，在前一天刚刚喝足了雨水的麦苗正在欢快地生长，它们在阳光下闪着光亮，在春风中摇曳。

这里是2023年河北省春季农业生产工作会议的现场，来自全省各市、县及省直相关部门的负责人和农业专家齐聚宁晋，一是学习宁晋的农业生产工作经验，二是安排部署全省的农业生产工作。

这已经是连续两年在宁晋县召开全省春季农业生产工作会议了，能把一个省级的会议放在这里，是对宁晋、也是对邢台农业生产工作最大的肯定。

而就在3天前的4月1日，由河北省农业农村厅、邢台市人民政府联合主办，汇聚全省优质梨果产区农业代表和全国客商的第二届河北省梨电商大会暨特色产业招商活动刚刚在邢台的威县成功举办。本届大会以"梨商往来 冀梨遍天下"为主题，采取线上与线下相结合的形式，搭建梨果产销平台，成为全方位推动河北梨产业高质量发展的关键力量。同样，这也是一场连续两届都选择在邢台举办的省级重要会议活动。

在邢台，这样级别的农业会议活动并不鲜见。

2022年7月，第六届京津冀中药材产业发展大会在邢台内丘县成功举办，这是一场高级别的行业盛会，由京津冀三地联合主办，来自全国的药农、药企、药商及行业专家齐聚内丘，共谋中药材产业发展大计。

再之前，全国促进农民合作社和家庭农场高质量发展现场会、首届京津冀功能农业发展大会、河北省首届中国农民丰收节、河北省农产品加工业发展大会等，也都不约而同地选择了邢台，一场场高级别会议活动的举办，是从侧面对邢台农业做出的肯定。

邢台市是河北省粮棉大市，素有"粮仓棉海"之称。近年来，邢台市以高质量发展为主题，以深化农业供给侧结构性改革为主线，大力发展科技农业、绿色农业、品牌农业、质量农业，特色优势农产品供给能力显著增强，粮食、蔬菜、果品、中药材、肉蛋奶等农产品产量均位居河北省前列，由此也成就了一批行业之最，如今麦郎，全球最大的方便面生产基地；玉锋集团，全球最大的维生素B₁₂生产基地；临西九道菇，全球单体最大的工厂化食用菌生产基地；金沙河，全国最大的挂面生产基地；南和，全国最大的宠物食品生产基地；内丘，全国最大的酸枣仁加工集散地；巨鹿，全国最大的金银花产销中心；清河，全国平原地区最大的山楂种植产地。

品牌的背后是产业，品牌在本质上是区域内产业链和生态圈的外在呈现，有了扎实的产业基础，品牌才能更好地发挥自身的价值。

邢台，始终把农业品牌建设作为推动农业高质量发展的重要抓手，通过实施区域公用品牌、企业品牌和产品品牌的"三位一体"品牌战略，加快培育优势特色农业，农业品牌建设成绩卓然。截至2023年，全市共建成区域公用品牌29个，其中14个入选省级区域公用品牌，邢台酸枣仁、威梨、巨鹿金银花、南和犬猫粮、清河山楂、临城核桃等更是叫响全国。建成农业领军企业品牌17个，今麦郎、金沙河、富岗、华兴等企业品牌更是成为各自领域的领导者。"两品一标"认证产品有250个，"两品一标"认证企业和产品数量均位居河北省前列。

品牌不仅扩大了乡村产业体系，也拓宽了农民的增收渠道。

党的十八大以来，党中央、国务院高度重视品牌在现代农业转型中的战略意义，将品牌建设提升到国家战略高度。品牌的影响力需要积累，在创品牌的过程中，既要有高的标准，更要每一步脚踏实地、扎扎实实，一丝不苟地抓好各个环节，最后让市场说话、让群众说话。

品牌化是现代农业发展的基本内涵和重要组成部分，也是农业发展阶段和水平的重要标志。品牌建设贯穿农业全产业链，是助推农业转型升级、提质增效的重要支撑和持久动力。

因此，深入挖掘邢台农业品牌的文化内涵和独特价值，讲好邢台农业品牌故事，既是产业发展的需要，也是消费者的需要。

我们立足邢台农业的发展特色和优势，以粮油、蔬菜、果品、中药材、奶业、畜禽六大主导产业为划分维度，收录各主导产业中的代表性品牌故事并编撰出版，既是用这样一种方式为邢台农业品牌发声，也是希望从品牌的视角，呈现邢台农业的多面性，为更多关注、关心和热爱邢台农业的人士能够系统地了解和认识邢台农业提供参考。

本书编委会

2023年10月

公元前453年

邢为赵国属地，赵王之子赵襄子曾采食于此，故有**襄国**之称。

公元前11世纪

武王伐纣，建立周朝。周成王为报周公辅佐之恩，封周公第四子姬苴为邢侯，统辖邢地，**名曰邢国**。

西汉高祖

改置襄国县，以后东汉三国仍名**襄国县**。

公元前559年

邢侯迁都夷仪山下（今浆水附近），筑城垣，建"行台"，**取名夷仪城**。

公元前372年

成侯继位，将邢更名为**信都**。

01 山水田园

shan shui tian yuan

全域公用品牌

邢台上农

硒望柏乡

临西尚品

大广归宗

目录

CONTENTS

宋初

仍称龙冈县。

公元1119年

宣和元年，罢邢州，置**信德府**。

元代

"华夷之辩"的争论曾让许多名城古城损伤惨重，元代的邢台却以文化多元包容而向后人展现了一幅各民族和谐共处的场景。元代忽必烈试治于邢，选贤任能，兴利除弊，劝课农桑，邢台"老幼熙熙，遽为乐郡"，史称"邢州大治"。邢台是中华民族多元融合的缩影，忽必烈特升邢为**顺德府**，直接隶属中书省。

清、明

仍称顺德

明洪武初年

又称顺德府。

公元1120年

皇帝赵佶采用古"邢"字和邢侯所筑之"行台"的"台"字，改龙冈县为**邢台县**，属信德府，从此"邢台"二字开始正式进入史册，沿用至今。

公元589年

隋改称**龙冈县**。唐代置邢州，龙冈隶属邢州。

新晴野望 / 唐·王维

新晴原野旷，极目无氛垢。
郭门临渡头，村树连溪口。
白水明田外，碧峰出山后。
农月无闲人，倾家事南亩。

一座大山，自北而南贯穿中国大地的腹心，它上接燕山，下衔秦岭，成为华北平原和黄土高原的地理分界线，也是中国第三阶梯向第二阶梯的天然一跃。

这座山，就是太行山。

《括地志》记载:"太行数千里,始于怀而终于幽,为天下之脊。"传统堪舆认为,太行山属于中国的三支龙脉之一的北干龙脉,发于祁漫塔格山,经陕西高原到山西,再到北京的南口关沟,与燕山相接。

　　太行山,是河北乃至整个华北平原重要的地形地貌塑造者。亿万年的时间,大河不断裹挟着黄土高原上的泥沙,从太行山口奔流而下,一路向东流入大海。伴随着大河的数次改道,历经数万年的沉积,逐渐形成了今天这片广袤而肥沃的平原。山地与平原为人类提供了丰富的资源,人们在这里不断繁衍生息,一座座城市和村落由此诞生。

邢台市，地处太行山脉南段东麓，华北平原西部边缘，距今5万至10万年前就有人类栖息繁衍，它拥有3500余年建城历史，是华北历史上第一座城市，有"五朝古都、十朝雄郡"之称，历经3000多年行政建制未曾中断、城址未曾迁移。

邢台，简称"邢"，古称邢州、顺德府。邢，是邢台最古老的地名，在甲骨文中就有记载，当时被称作"井"。公元前17世纪，西方姜姓井族顺河水东移，迁徙到冀南的时候，以族名命地为'井'。邢地土肥水丰，百泉竞流，故称"井方"。

黄帝曾躬耕于邢台干言岗，《诗经·国风》记曰："出宿于干，饮饯于言。"并亲率邢人开发利用井水，建井田，史称"黄帝凿井，聚民为邑。"后世邢人为了纪念黄帝的凿井筑邑之德，合"井""邑"二字为一字，这就是"邢"字的起源。

共 邢 郱

总面积
1.24
万平方公里

辖区
20
个县市区

常住人口
702.56
万

悠久的历史,让这里涌现出魏征、李牧、郭守敬、宋璟、刘秉忠等智者先贤,走出了郭威、柴荣、孟知祥、孟昶等帝王。邢台也是唐朝皇室祖籍地(唐祖陵),发生过尧舜禅让、胡服骑射、巨鹿之战、黄巾起义等影响中国历史进程的事件,是破釜沉舟、鹿死谁手、民脂民膏、腹背受敌等近百个成语典故的起源地。

拨开历史的帘栊,探寻智者先贤们的生命密码,我们越发能感受到脚下这片土地的神奇——山地、丘陵、平原,不同的地理风貌和气候特质,不仅塑造了生于斯长于斯的人物,也造就了各具特色的物产。

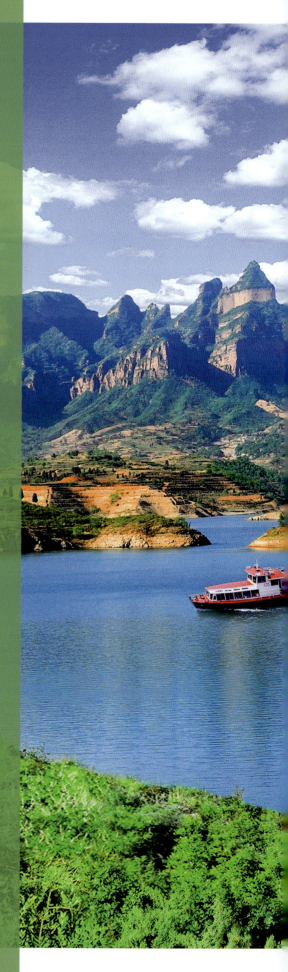

对邢台而言，太行山不仅是群峰峥嵘、阳刚劲露、台壁交错、苍溪水湍、流瀑四挂的北雄风光，更是独特气候的缔造者，它冬季可以阻挡从蒙古西伯利亚来的季风，夏季可以阻挡从东南沿海来的水汽，使这里冬季温度比同纬度地区高，夏季降水比同纬度地区偏多，更利于农耕的发展。

同时，太行山本身就是一座宝藏，滋养万物风华。

每年秋天，是太行山丰收的季节——太行深处的苹果，是山里人绽开的笑颜；挂满枝头的核桃、板栗，是山里人香甜的日子。浅山丘岭上，漫山遍野的酸枣，一如十里红妆，映红的是山里人的未来和希望。这抹红色，在历史的尘烟中，是迎风飘扬的红旗，一条"抗大路"*定格了时间的记忆；这抹红色，在新时代的奋进中，是深爱着大山的赤子之心。富岗苹果，是岗底村从一个贫瘠的小山村变身成为全国乡村特色产业亿元村、全国乡村治理示范村的关键力量，它的缔造者正是将毕生心血奉献于这里的太行新愚公李保国教授。

*由于中国人民军政抗日大学在此办学，故名"抗大路"。——编者注

邢台秦王湖

从太行山自西向东拾级而下,是一望无垠的平原。在这里,你可以尽情感受大地的辽阔。这种辽阔,尤其在春天更加让人沉醉——小麦从冬眠中醒来,它们抖擞精神,在泥土里、在春风中、在阳光下彰显着生命的活力。那闪耀的绿色、舞动的身影、滚滚的波浪,让大平原的风采一览无遗。夏天,这满目的绿色将变成一片金黄,轰鸣的机器将小麦吞入腹中;金灿灿的麦粒被收割入仓,从上一年入冬前的一粒种子到来年夏季的丰收,这片大地展示出的是"农稳社稷,粮安天下"的担当。

勤劳质朴的邢襄儿女,素来懂得这些麦粒的珍贵,他们一直在用自己的方式,守护着大地的馈赠,用一碗碗香喷喷的面条托起一个世界级的食品产业集群。在今麦郎、金沙河、华兴等一批龙头企业的带领下,将脚下这片大地的资源,源源不断地送往全球各地。

小麦在田间生长

秋天,是这片大地上玉米的丰收时节。这时候的乡村,房前、屋顶随处可见堆放着黄澄澄的玉米。在邢台市宁晋县新兴路上一家企业集团的院内,新收购的玉米正在入仓,这里是玉锋实业集团的所在地,一家以粮食深加工为主线、以生产维生素B12闻名世界的国家高新技术企业。在这里,玉米在科技的"魔力"下,将变身成为食用油、维生素、淀粉、淀粉乳、淀粉糖、果葡糖及果葡糖浆等销往世界各地。

肥沃的土壤,加上暖温带亚湿润季风气候的滋润,多种作物能够在这里适宜地生长,而"因地制宜"的耕种理念,又进一步将这种独特的资源禀赋发挥到极致,成就了独具一方的特色物产。

邢台抱香谷

古河道地带，地下水丰富，土质松软，透气性好，能调蓄地下水和降水，且矿物质成分较多，土壤条件十分适宜农林生产，即便有些地方的古河道积存下的黏土甚至碱质土，也可以为一些特殊的果木提供良好的生长条件。由此成就了宁晋鸭梨细脆多汁、清香可口、酸甜适中的上乘品质；也成就了平乡大红桃色泽鲜红、肉质细腻、风味酸甜的独特风格。当张骞将葡萄从茫茫西域引种至中原，这个无意的选择，让葡萄在广宗落地生根，并栽培至今。在老漳河、西沙河水的日夜滋养下，广宗葡萄成了声名远扬的地方特产。

巨鹿县的沙质碱性土质，非常适宜金银花的种植与生产。据清光绪版《巨鹿县志》记载，金银花为中药材种植之首，自明代就有栽培。迄今已有400多年的历史，这里的金银花生产总量已经占全国的60%以上，并且形成了从种植到加工的全产业链条。一个县城的金银花产量成为全国金银花市场的"晴雨表"。

清河，不仅被誉为"中国羊绒之都"，生产的山楂也同样富有盛名。在这片由古黄河冲积、沉积而成的平缓大地上，卫运河是一个重要的存在，它不仅是华北地区泄洪排沥的重要河道，也曾经是南北水运的重要枢纽，同时它也影响着沿岸土地的耕作。让喜光、喜湿润、喜酸性沙质土壤的山楂成为这里的主要栽种树种。不同于山区所产的山楂，清河的山楂酸甜适中，肉质更加肥厚细腻，不仅是道地中药材，也是难得的开胃佳品。

如果说"因地制宜"是自然的选择，那么科技则是人类改造自然的能力。威县的威梨，就是这种能力的完美体现。新品种、新栽培模式、标准化园区，让威梨一经诞生便卓尔不群，引得河北省梨电商大会连续两届都在这里举办。追寻科技的脚步，走进临西的九道菇食用菌生产车间、走进宁晋的羊肚菌大棚、走进任泽十字花科作物的田间，你会深切地感受到这种力量的神奇。设施大棚，让季节暂停，温暖湿润的环境，让各种瓜果蔬菜可以周而复始地开花结果，再辅以棚外的时令种植，四季鲜蔬便可源源不断地产出。

大地是生命的母体，水是流动的血脉。站在太行之巅远眺，感受着这里的辽阔与厚重，醉心于百泉滋养的五彩斑斓。从春耕到秋收，人们俯身于脚下的土地，播种希望，收获梦想，时序更替，世代更迭，让阳光照耀下的北纬37°，更加宁静美好。

邢台太行山间

邢台上农

北纬37°山水田园画廊

邢台道中

清·乾隆

跋马邢台历古邮，朝暾暖泡露华浮。

漫怀霸业寻遗略，且喜原田获稔秋。

冬麦青葱芄四野，南畿风物近中州。

民间疾苦予心廑，计里迟听辔每留。

关于这座城市，其实还有另外一个名字——牛城。

走进邢台达活泉公园，在西门入口不远处，有一座坐北朝南、高大健硕的"卧牛"石雕巍然耸立。它高昂的头颅向右稍微偏扬，目光沉稳而肃穆，身姿威武雄壮。曾经，它就是这座城市的精神地标。

说起"牛城"的来历，除了史书中所记载"城墙周9里13步，阔6步，上可卧牛"一说之外，也从另一个侧面，反映了牛在农耕社会中的重要地位——牛是力量的代表，它不仅是农耕时代重要的耕作牲畜，同时牛身上那种踏实、坚韧和奉献的精神也是人们所欣赏和认同的，所以才有了诸如"气壮如牛、牛气冲天、孺子牛、牛刀小试"等成语和谚语。对于邢台而言，"牛"是祝福，"牛"是赞美，"牛"也是底气。

这种底气，在岁月的更替中，被世人所铭记。

3500年的历史长河中，邢襄大地可谓是人才辈出。黄帝躬耕于邢台干言岗，尧帝建都于邢台柏人城，大禹治水于邢台大陆泽，郭守敬、宋璟、郭威、柴荣、李保国等，这些帝王将相、智者先贤、时代楷模，灿若星河。

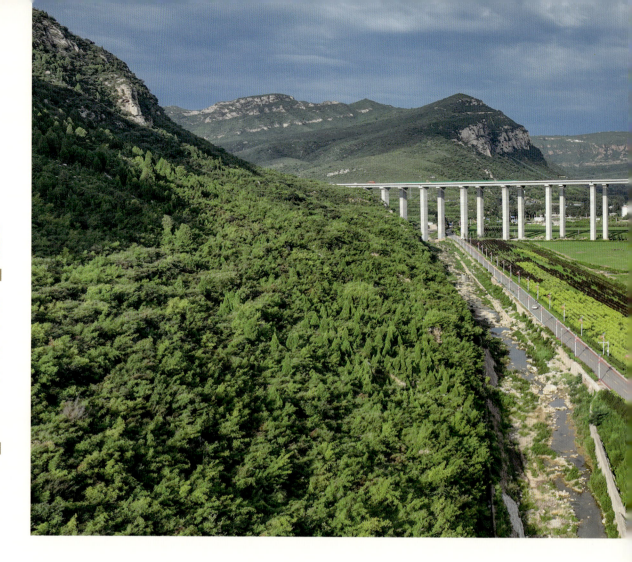

这种底气在四季的轮回中是大地的慷慨馈赠。

当北纬37°的阳光雨露与钟灵毓秀的太行山、与肥沃广袤的华北平原相遇，一年四季的愿望，在脚下落地生根，尽现这片大地的神奇与慷慨，孕育出了深山里的苹果板栗、丘陵上的道地药材、平原沃土上的粮油蔬菜，还有黑龙港流域的肉蛋奶。

这种底气在世代的耕作中是不断开拓的脚步。

守护大地所赐予的美好，粮油、蔬菜、中药材、果品、奶业、畜禽六大主导产业在这里拔节生长，他们不仅给养着邢襄儿女，也培育出一批耀眼的行业明星，引领一个行业的方向。今麦郎，全球规模最大的方便面生产企业；玉锋，全国最大的玉米加工企业、世界最大的维生素B_{12}生产企业；金沙河，全国最大的挂面生产企业；南和区，全国最大的宠物食品生产基地；内丘，全国最大的酸枣仁加工集散地；河北九道菇，全球单体最大的工厂化食用菌生产基地；华兴，全国最大的宠物食品生产企业等。

当我们试图用一个字来精准描述和定义邢台农业时，去除无数华丽的溢美之词，一

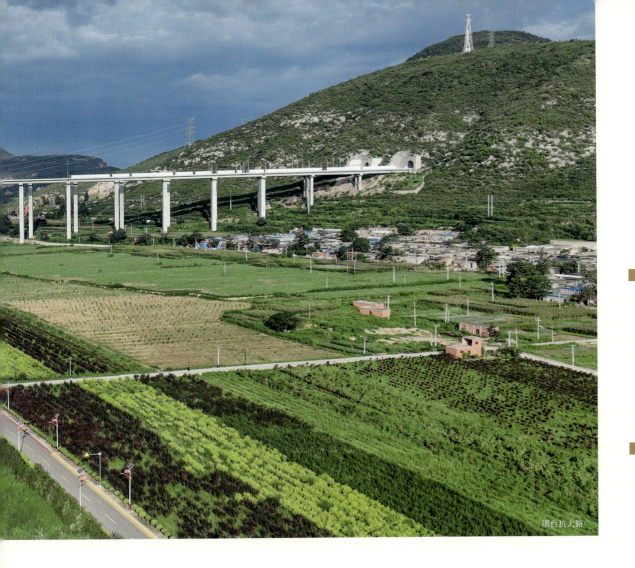

邢台抗大路

个朴实的文字跃然而出——上。何为"上"?居高处为"上",领先者为"上",进步者亦为"上"。于是,"邢台上农"成为邢台农业全域公用品牌名称的不二之选。"邢台"是身份符号,"上农"是底气和态度,一句"邢台上农,我看行"更是将邢台农业这种骨子里的自信展露无遗。

近年来,邢台市将农产品品牌建设作为引领农业高质量发展的"牛鼻子",20个县(市、区)立足于各自的产业特色和优势,千帆竞发,29个农业区域公用品牌,17个农业领军企业品牌,250个"两品一标"认证产品,这些靓丽的数字背后,是邢台市对区域、企业、产品"三位一体"品牌战略的坚定贯彻落实。邢台酸枣仁、巨鹿金银花、南和犬猫粮等农产品区域公用品牌以及金沙河、今麦郎、玉锋等企业品牌,业内闻名。

全体系全平台的科创支撑,让邢台农业跑出了现代化的加速度。在省、市、县、乡四级技术服务体系下,创新驿站、试验推广站、示范基地、农技推广云平台等遍地开花,设施农业、智慧农业以及用知识武装的新农人,让农业效率和品质不断升级。

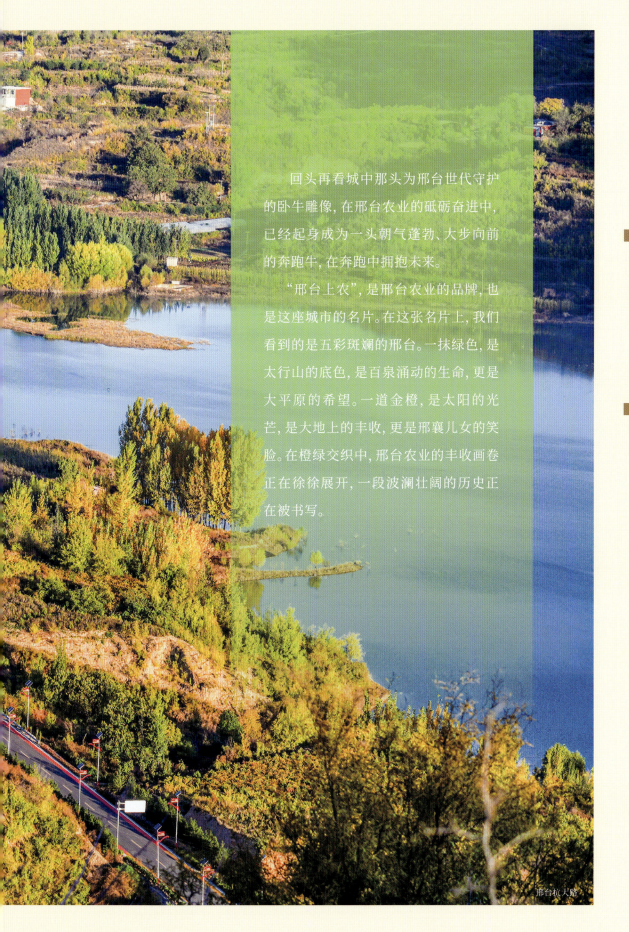

　　回头再看城中那头为邢台世代守护的卧牛雕像，在邢台农业的砥砺奋进中，已经起身成为一头朝气蓬勃、大步向前的奔跑牛，在奔跑中拥抱未来。

　　"邢台上农"，是邢台农业的品牌，也是这座城市的名片。在这张名片上，我们看到的是五彩斑斓的邢台。一抹绿色，是太行山的底色，是百泉涌动的生命，更是大平原的希望。一道金橙，是太阳的光芒，是大地上的丰收，更是邢襄儿女的笑脸。在橙绿交织中，邢台农业的丰收画卷正在徐徐展开，一段波澜壮阔的历史正在被书写。

邢台抗大路

硒望柏乡

天 然 富 硒 优 质 农 品

柏乡怀古／

明·郭谏臣

路出柏人邑，令人忆贯高。
捐生蹈虎尾，视死若鸿毛。
汉主那堪迫，商山自可逃。
区区图雪耻，宁惜赵王敖。

　　说起邢台的柏乡，最为知名的，恐怕当属汉牡丹了。据野史记载，两汉之间王莽逐杀刘秀，刘秀曾避于弥陀寺内，因寺庙坍毁，难以藏身，幸有牡丹、芍药繁茂盛蔽，保他躲过此劫，刘秀感叹，留下咏牡丹诗一首："小王避难过荒庄，井庙俱无甚凄凉。唯有牡丹花数株，忠心不改向君王。"汉牡丹之名也由此而得。

时至今日，除了汉牡丹之外，柏乡的另一种特色产品也声名鹊起，那就是柏乡的富硒农产品。近年来，柏乡县大力发展富硒农业，如富硒小米、富硒面粉、富硒杂粮、富硒葡萄、富硒羊肚菌等，深受市场青睐。

硒被国内外医药界和营养学界尊称为"生命的火种"，享有"长寿元素""抗癌之王""心脏守护神""天然解毒剂"等美誉。研究发现：缺硒除了会引发克山病、大骨节病以外，还会直接导致40多种疾病，间接导致400多种疾病发生。随着越来越多科研结果公布，硒对人体的重要程度也被更多人了解和认同，补硒也逐渐成为全民的共识。1988年10月，中国营养学会把硒列为15种每日必需摄入的膳食营养素之一。

硒

Se

　　硒虽然是人体必不可少的微量元素，但部分地区的硒元素却比较稀缺。全世界有60多个国家都缺硒，我国便是世界上缺硒最严重的国家之一，因此对含硒土壤环境的研究及发现也成为关乎我国人民生命健康安全的重要事项。

　　2012年，河北省经过地质调查宣布：在华北南部石家庄—邢台—邯郸一带发现富硒土壤，因位处太行山前，又称为"太行山前富硒带"，柏乡正处于其中心部位，土壤硒含量最高值达0.58毫克/千克，大部分在0.30毫克/千克以上，其中达到0.40毫克/千克以上的土壤约3万余亩*。同时，柏乡还有7万多亩土壤富锌，柏乡县的土壤几乎全部满足绿色农产品产地土壤重金属环境质量标准。可以说，这一发现在一定程度上缓解了我国北方硒元素紧张的问题，同时也为柏乡县带来了农业发展的新机遇。

　　2013年，柏乡县便开始组织相关农业部门、龙头企业到陕西、安徽、江苏、苏州等地实地考察富硒农作物的种植和富硒农业的生产，并选派人员参加了全国首届功能农业清华大学培训班。此后，又投资种植了600亩富硒小麦试验田，富硒产品逐渐开始在柏乡县试验种植。

*亩为非法定计量单位，1亩≈667平方米——编者注

2015年，柏乡县县委、县政府正式将发展富硒功能农业作为该县发展现代农业的重要抓手，并列入全县"十三五"发展规划，成立了县富硒功能农业产业发展领导小组和柏乡县富硒功能农业办公室，以推动规划实施。为消除制约富硒农产品销售瓶颈，开展了对富硒功能农业生产标准的研究，向市质量技术监督局提出了制定相关富硒标准建议。河北省第一个富硒农产品地方标准便是由柏乡县提出并起草的，即富硒小麦、富硒小米标准。2018年，由柏乡县主导起草的河北省《富硒农产品硒含量要求》地方标准正式实施。

此后，柏乡县便一直以富硒功能农业产业为引领，推动现代农业发展，先后试验种植了富硒玉米、富硒黄豆、富硒花生、富硒葡萄等农产品，并进行了富硒鸡蛋的生产试验，创建了"富硒+X"产业模式，打出了一套组合拳。

除此之外，柏乡县还十分注重富硒农业产业的研究，在2021年获批建设邢台市富硒小麦产业技术研究院；2022年又获得省科学技术厅认可，批准建设省级产业技术研究院。研究院的成立为柏乡富硒产业的基础研究、产品研发、标准制定等提供了专业支持，为打造功能农业全产业链发展及富硒产业的健康发展提供了科技支撑。

柏乡县富硒农产品

柏乡富硒麦品牌主视觉

2021年,柏乡县区域公用品牌"硒望柏乡"对外发布,标志着柏乡富硒农业产业正式进入品牌时代,为柏乡县富硒农业产业高质量发展提供了有力支撑,进一步提高了柏乡富硒农业产业的综合影响力。

以此为契机,柏乡县通过实施区域公用品牌、企业品牌、商品品牌"三位一体"的品牌发展战略,大力培育"柏"字号富硒产品区域品牌,全面推进柏乡农业品牌化,促进农业增效、农民增收,助力乡村振兴。

富硒农产品,市场前景广阔,能够取得显著的经济效益。目前富硒农产品在市场上的销售价比一般农产品高出30%~200%。富硒面粉比同类面粉的市场销售价高出50%以上,富硒小米市场平均售价比普通小麦高出1~2倍,富硒鸡蛋比同类鸡蛋的市场销售价高出1倍以上。

所以,我们有理由相信:"硒望柏乡",带给柏乡的不仅是希望,更是兴旺。"硒"望柏乡的农业会再次大放异彩。

临西尚品

玉兰故里 · 菌都临西

临清阻雪 · 其二 ／ 元 · 王冕

一片雪飞寒较多，即看漫地却如何？

竞传暖体须燕玉，谁肯停杯慰楚娥？

直北大风山欲倒，江南无冻水生罗。

临清不是长安道，时听凌空响王轲。

临西，位于邢台市东部，因曾经是古临清的一部分，且因位于临清之西而得名。它拥有悠久的历史和丰富的文化底蕴。自北魏太和二十一年（497年）建县以来，临西县便承载着汉代清渊县的深厚文化底蕴，养育出了众多的名人志士，古有北宋名将王彦超、明代文学"后七子"之一的谢榛，今有最美奋斗者、全国著名劳模吕玉兰。

临西县地处华北平原与鲁西北平原交界地带，境内河道众多，京杭大运河贯穿南北，丰富的水资源为农耕创造了有利条件，再加上四季分明、光照充足、雨量适中的温带季风气候，有利农业发展，让其成为名副其实的农业大县。

　　在一年的耕作中，临西人学会了如何将大地的每一份物产利用到极致，即使最平常的作物，也能在这里吃出不同。他们用最朴实的原料，成就了一批地方特产——牛肉饼卷、空心面、玉兰缘酒、菊花、豆腐乳、臭豆腐、粉皮、香油等，每一样都颇具临西特色，食用菌、空心面更是其中的佼佼者。

临西县玉河公园

临西县特色农产品

　　为了让这些"土字号"变成经济发展的"金名片"，临西用一个品牌——"临西尚品"，让它们实现了华丽的蜕变。从此它们有了自己的名字和身份。同时，这也是临西农业的关键一跃，有了自己的品牌也就有了进入更大市场的符号和标志。

　　《说文·八部》中提到："尚，曾也，庶几也。从八，向声。"自古以来，那些备受推崇的优秀品质和不断追求卓越的生活方式都被称为"尚品"。这种尚品的精神源于对品质生活的不断追求，这种追求也是人类不断前进的动力。从"临西特产"到"临西尚品"，就是临西人民对优质生活的追求和向往的体现。

临西县吕玉兰纪念馆

在这片充满活力和魅力的土地上,临西人民带着对土地的热爱和对农业的执着,不断培育"临西尚品"中的每一个产品。它们都寄托着临西人的希望和梦想,都凝聚着临西人的汗水和智慧。

临西的玉兰缘酒业以吕玉兰的名字命名,酒厂建于1991年,坐落于全国著名劳动模范、最美奋斗者吕玉兰的家乡,是邢台首家纯粮固态发酵认证企业,旗下产品多次获得国际烈酒大赛金奖。这个北方最高标准的浓香型白酒生产窖池群,以其独特的酿造工艺和高品质的产品,享誉海内外。

临西饼卷肉,是临西特色名小吃之一。它是以面粉、牛肉和植物油等为主要原料的小吃,经过特殊的制作工艺而成——将饼烙成薄如纸张,色泽爽净,饼借肉香,肉借饼味,是绵软非凡的美味食品。

临西九道菇产品

临西县的空心手工挂面，是始创于明朝万历年间的传统名吃。这种挂面细如发丝，空如竹筒，最细的仅有0.1毫米，这种挂面成为拉动当地农民发家致富的特色产业。

河北九道菇生物科技有限公司，是一家由上海光明集团投资建设的食用菌生产加工企业，年产各类食用菌鲜品达6万余吨，是目前世界上单体规模最大的工厂化食用菌生产基地。这里四季盛产各类食用菌，这些产品不仅在国内畅销20多个省份，还出口到泰国、美国、南非等多个国家和地区，平均每7天就有一个集装箱的鲜菌发往国外。

嘉恒食用菌合作社和河北东苑农业发展有限公司也在食用菌产业上取得了显著的成果。他们通过建设食用菌生产基地并获得绿色食品认证的方式，带领全县种植食用菌，种植面积达1522亩，构建起了以"农业顶尖、工业智能、供给高端"为主要标志的"菌菇王国"。

有企业的产品品质保障，更有"临西尚品"的品牌护航，相信临西这次从"土字号"向"金名片"的变身会更加从容。

临西手工空心面

全一域一公一用一品一牌

大广归宗

大广归宗
DA GUANG GUI ZONG

广宗四十里至钜鹿／明·祁顺

广宗钜鹿近相望，铺舍门临古道傍。
垂柳阴中笼夕照，黄花香里遇重阳。
柏台驻节啼乌急，薇省催程去骑忙。
无酒无糕度今日，懒将诗句笑刘郎。

　　广宗县，别名宗城，历史文化源远流长，是华夏民族农耕文化的起源地之一，被文化部命名为"中国民间艺术之乡"，有国家级非物质文化遗产梅花拳、太平道乐、柳编3项，省级非物质文化遗产有传统纺织技艺、黄巾鼓等6项。其中梅花拳是首批国家级非物质文化遗产，广宗太平道乐被称为中国音乐史的"活化石"，距今已有3000多年历史，以太平道乐和黄巾鼓等为代表的道教文化也是广宗文化的一朵奇葩。广宗即《史记》所说的"丈夫相聚游戏，悲歌慷慨"之地，也就是后来广为流传的"自古燕赵多慷慨悲歌之士"。

透过3000多年历史的光辉，我们看到了广宗人坚韧不拔、百折不挠、自强不息的精神。今天，广宗人谋定而后动，抢抓机遇，顺势而为，演绎出一部从"择时炼金""绝地炼金"到"披沙炼金"的精彩奋斗史。近年来，广宗紧跟国家乡村振兴战略快速推进的步伐，推广并种植了甘薯、南瓜、谷子、葡萄等沙土地适宜生长的农作物，并借助北纬37°的黄金种植带，种出了自己的特色产品。正所谓不破不立、不塞不流、不止不行，广宗开启了历史的新篇章，留下了一批又一批灿烂的文化瑰宝。"大广归宗"也由此而来。

广宗县葡萄种植园

　　"大广归宗"取自"博采万物之精，顺应天地之气"的意思，阐释了新广宗"开放融合、取法正统、顺势而为"的发展理念，同时暗合了西汉和东汉时期取"推广宗子""光先帝基业"为"广宗"之名的原意。广宗地处北纬37°黄金纬度带，境内沙土质，且广宗人民勤劳朴实、上进拼搏。

　　古时讲究天圆地方，"大广归宗"商标文字圆中融方，方中含圆，正阐释了新广宗"开放融合、取法正统、顺势而为"的发展理念；而商标基本形态取自汉字"宗"的外形，并融合中国"鼎"的图案，沉稳大气。古代视鼎为立国重器，亦喻帝王和宰辅大臣，"鼎"象征着镇守一方土地的安宁。与此同时，用"大广"区别于多地以"大美"修饰的现状，不仅气度上更胜一筹，且更显容纳天下的广博胸襟，提升了品牌的视觉冲击力和认知感召力。

广宗县特色农产品

　　商标设计颜色使用渐变的橙色,代表热情、收获、活力,象征着新广宗似一团火焰正熊熊燃烧,照亮繁荣昌盛的荣华之路。商标以四边形为轮廓,融合精致圆角设计,寓意"迎八方来客,邀四海宾朋"之意,将古典元素与现代风格完美结合。整个LOGO沉稳与轻灵并重,浑然一体,阐释了新广宗的发展理念,传递着广宗县农产品公共品牌"大广归宗"旗下的农产品品质新鲜、精粹的产品特点。

　　立足全县产业布局,加快农业结构调整步伐,按照"一县一品"的思路,扶持特色农产品优势区、现代农业产业园等建设,推动资源要素在品牌引领下集聚,广宗县电商协会申请注册了"大广归宗"集体商标,并将其作为广宗的区域公用品牌进行整体打造。

广宗县特色农产品

　　"大广归宗"品牌采用"1+N"模式,覆盖了全县的红薯、葡萄、南瓜以及童车等所有主导品类,积极培育婴童用品品牌联盟等"大而优"的大宗特色产品品牌。同时以新型农业经营主体为主要载体,发展红薯、小米杂粮等地域特色鲜明的"小而美"特色农产品品牌。另外,还邀请专业设计团队对"大广归宗"品牌进行视觉识别系统(全套VI视觉识别系统)设计,规范了品牌的基础要素体系和营销应用体系,健全了品牌标准化体系,开发了红薯、红薯干、小米杂粮、紫枣、南瓜等40多种"大广归宗"系列产品,并且以上产品全部由县域内的企业或合作社进行代加工。

　　通过对接批发市场、传统电商、社群电商、媒体电商渠道以及特通渠道,对基础农产品的实际需求进行了系统分析,并邀请河北省标准化研究院、河北省电商协会的专家,按照产品形态、包装形式、运输仓储条件、业务流程等内容,起草制定了红薯、红薯干、小米杂粮、黄桃的电商流通团体标准,明确了技术要求和标准框架,规范了农产品流通环节的操作规程,为推广广宗县域公共品牌奠定了坚实基础。

广宗县特色农产品直播间

坚持市场化运作，发挥平台主体作用，以消费者认可为目的，延伸品牌生命力，提高品牌影响力。组织开展定向直供直销活动，加强区域公共品牌培育宣传力度，利用媒体资源做好宣传造势，扩大宣传渠道，做好SKU平台销售，开设抖音、快手、微信、淘宝等官方线上平台，开启直播，增加流量。入驻第三方电商平台——"有赞微商城"，开设区域公共品牌农产品"大美广宗"旗舰店，注册区域公共品牌官方微信公众号。举办广宗县区域公共品牌农产品展销会、洽谈会、推介会，参加年货节、电子商务博览会等产销对接活动，不断创新宣传形式和方式方法，加速品牌升级发展，推动"大广归宗"品牌走向全国，推动广宗农业现代化发展。

近年来，广宗农特产品销量的扩大，"大广归宗"品牌的诞生，为推进广宗现代农业发展、支持广宗农村创业创新和乡村特色产业发展起到了重要作用。未来，广宗县域"大广归宗"品牌将不断地产业创新和品牌升级，走向更广阔的天地。

广宗县特色农产品采摘

02

粮安天下

LIANG AN TIAN XIA

区域公用品牌

任泽强筋麦

南和金米

威县小米

南和犬猫粮

企业品牌

今麦郎

金沙河

玉锋实业集团

邢襄粮油

华威食品

今旭面业

九谷面业

今中道食品

食全十美食品

凤来仪酒业

玉兰缘酒业

华兴食品

沘河粮仓

52°良作柏乡蜜薯

乐粟农业

过山西村 / 宋·陆游

莫笑农家腊酒浑，
丰年留客足鸡豚。
山重水复疑无路，
柳暗花明又一村。
箫鼓追随春社近，
衣冠简朴古风存。
从今若许闲乘月，
拄杖无时夜叩门。

　　"人是铁，饭是钢，一顿不吃饿得慌"，老百姓最朴素的话说明了粮食安全的重要性。保障粮食安全是实现经济发展、保障社会稳定、维护国家安全的基础。因此食品安全具有重大的战略价值。习近平总书记强调："中国人的饭碗任何时候都要牢牢端在自己手中……"

为了端稳中国人自己的饭碗，邢台一直在践行自己的使命和担当。

地处北纬36°50′—37°47′、东经113°52′—115°49′的邢台市，拥有广袤而肥沃的平原土壤，具有降水与温度适宜的暖温带亚湿润季风气候，因此这里成为了小麦和玉米的黄金产区，邢台市粮食种植面积常年稳定在1100万亩以上，粮食总产量常年稳定在475万吨以上，优质强筋麦规模全省持续第一。与春小麦相比，邢台冬小麦拥有更高的蛋白质含量和较好的面筋质量，面色白皙，口感香甜，更适合制作面粉和面食产品。

小麦收获与小麦深加工产品

　　每年6月,是小麦收获的季节,金黄色的麦田中机器轰鸣,颗粒饱满的小麦被收入粮仓。在邢台南和区金沙河集团的院内,来自周边省、市、县的运粮车,正在有序地进行验质、称重、卸车,在一阵密集而细碎的沙沙声中,金黄的麦粒从车上倾斜而下,伴随着大功率小麦杂质自动分离系统的强力侧风,杂质与小麦自动分离。

　　紧接着,这些来自各地不同特质的小麦,在根据不同产品的生产需要进行合理配比,然后经过清洗、筛选、中间切割、低温研磨等严苛的工序,变身成洁白的面粉,再经过高速连续和面、仿手擀面压制、中温中速干燥等全自动工序,成为中国人餐桌上最常见、最受欢迎的食品之一——挂面。把一粒粒小麦,变成一根根顺滑的挂面,在这条全新的自动化食品加工流水线上只需要4个小时。

　　金沙河,是全国最大的挂面生产企业,每年加工小麦大约500万吨,加工量相当于河北省全年小麦产量的1/3。金沙河每年生产挂面100万吨,全国每七包挂面就有一包来自金沙河,产销量连续14年居全国第一,面粉销量位居全国第五,产品远销英国、德国、意大利、美国、加拿大等50多个国家和地区。

　　"从婴幼儿系列的蔬菜面、鸡蛋面到孕妇的营养面,从最常见的家常挂面到担担面、刀削面,从小麦芯面到杂粮面,产品应有尽有。"金沙河面业集团董事长魏海金说。

　　加工后的小麦,一部分成了面粉,被加工成各种食品;另一部分则成了麦麸。也许你会说,麦麸只是下脚料而已,但是在邢台南和区,像这样的下脚料也同样是宝。

这些刚刚从流水线上分离出来的麦麸余温尚未退去，便被运往南和的宠物食品生产基地，这里是全国最大的宠物食品生产基地，每年全国有60%的宠物食品在此生产。在这里，麸皮将与其他原料合理配比，被加工成深受宠物喜爱的食品，并销往全国各地，从而让小麦的每一份价值都得到充分利用。历经20余年的沉淀、积累和升级，南和宠物产业实现了从无到有、从小到大、从弱到强，实现了宠物产业从单一宠粮到全链条发展，并由此形成了全链条、多渠道、全方位发展态势，宠物产业总产值突破100亿元。全国最大的宠物食品单体生产厂家——华兴宠物食品有限公司就位于这里。

从南和区一路向北，是隆尧县。这里因为拥有今麦郎这个全球最大的方便面食品生产企业而世界闻名。在今麦郎的带动下，隆尧的食品加工产业得以快速发展。与方便面配套的调味品等上下游供应链企业，各类小麦制品、方便食品和预制菜企业纷纷在这里聚集，集群化成为隆尧食品加工业品质和效率的有力保障。

食品产业是隆尧三大主导产业之一，也是河北107个省级重点县域特色产业集群之一。截至2023年，隆尧县已培育食品加工及配套企业100余家，其中规模以上企业19家、专精特新企业3家、高新技术企业6家。2022年，食品制造产业完成营收168亿元。

距离隆尧40公里的宁晋，走的则是另一条加工路线。这里的玉锋实业集团是全球最大的维生素B_{12}生产企业、全国单体最大的玉米深加工企业，每年约有600万吨玉米在这里被加工成食用和药用级玉米淀粉及葡萄糖、动物饲料、玉米胚芽油、维生素B_{12}、赤藓糖醇、糊精等，并销往世界各地。

"我们现已形成以玉米深加工为主线，涵盖粮食加工、动物饲料、功能糖醇、生物制药等全产业链布局。集团维生素B_{12}产能连续多年占据全球市场70%的份额。"玉锋实业集团副总经理齐广波介绍。

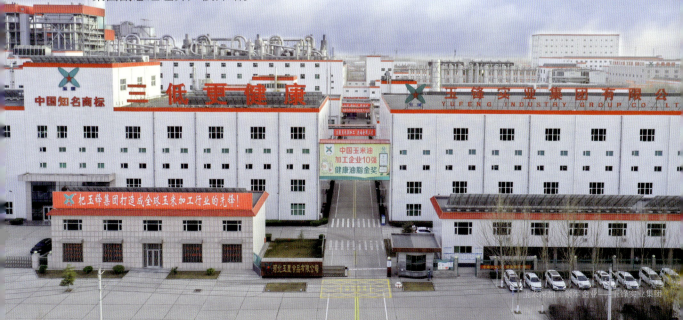

除了玉锋集团外，宁晋还有一个乡镇在全国很有名，那就是河渠镇。烘焙食品产业是宁晋县特色产业之一，宁晋县河渠镇有着30多年的食品加工史，现拥有食品专业村8个、食品加工企业160余家。近年来，河渠镇连续被评为中国淘宝镇，并荣获河北省烘焙食品产业名镇称号，荣登2021年国家农业产业强镇创建名单。

这就是邢台市为打造食品加工业强市，着力构建的"一带五园"产业隆起带，"一带"即食品加工产业隆起带，"五园"即宁晋县健康产品加工园、休闲食品加工园、隆尧县食品产业园、南和区宠物食品加工园、食品加工园五大食品加工产业园区。

在这一战略规划中，邢台市将加快推进五大园区建设，突出并强化"一带五园"的示范效应，带动周边县区优质原料种植，推动粮油加工向优质、专用、高效多用途方

向转型升级，提质增效。充分挖掘特色农业资源禀赋，研发休闲食品、功能性食品等多样化产品，发展优势特色产业，做好土特产文章。依托绿色优质特色原辅料核心生产基地建设，做大做强方便食品加工、中央厨房（预制菜）、宠物产业等新兴产业，促进产业结构升级，打造农产品加工业新的增长点。

从播种到收获，从一粒粮到一个产品。在邢台，粮安天下，安的是对耕地红线的恪守，安的是俯身大地的耕耘，安的更是从田间到餐桌的一路守护。这是大地的丰收，也是百姓的期盼，更是延绵数千年的祝福。近代吴未淳在《浣溪沙·秋收》中这样表述："村北村南脱谷声，收来新粒几仓盈。日斜人语杂鸡鸣。妇孺挽筐犹拾穗，牛羊返圈自刍青。此间处处见升平。"

在邢台大地上，这种"升平"随处可见。

任泽强筋麦

任泽强筋麦

RENZE
STRONG GLUTEN WHEAT

秧畦岸岸水除饱，尘甑家家饭已香。

小麦青青大麦黄，护田沙径绕羊肠。

农谣（节选）／宋·方岳

　　小麦是世界三大谷物之一，也是中国北方的主要粮食作物。根据韧性的不同，小麦主要分为强筋小麦、中筋小麦和弱筋小麦三个品种。其中，强筋小麦的韧性最好，具有较高的延展性和撕裂程度，与普通小麦相比，更适合制作高级面包和蛋糕等烘焙产品，产品质量更优。随着人们生活水平的提高，消费者对面食也有了更加多元化、更加高品质的追求，对强筋面的需求量不断增加。

任伯伯~
爱劳作~

任泽强筋麦品牌吉祥物

　　作为传统的农业种植地区,邢台任泽区的自然环境为种植强筋麦提供了便利条件。任泽区域在历史上地处九河下梢,境内诸流汇集,河道纵横,土壤肥沃,雨热同期,年均降水量500多毫米,日照时间长,作物光合作用积累多,夜晚温度低,作物呼吸作用消耗少,而且由于温度较低小麦籽粒灌浆成熟时间长,有利于小麦蛋白质和面筋的形成与积累。

　　在此基础上,任泽区政府始终坚持实行最严格的耕地保护制度,大力发展优质强筋麦,赋予了任泽区强筋小麦更旺盛的生命力和溢价能力。为进一步推动农业供给侧结构性改革,任泽区政府不断调整小麦品种结构,积极发展订单式优质小麦种植,实行统一供种、统一管理、统一协调销售,示范带动形成种子原种化、种植订单化、生产标准化的小麦产业化经营格局,不断扩大强筋麦种植面积,提质增效。该区域也曾先后获得全国粮食生产先进县、国家优质粮食产业工程县、全国农业综合开发重点县、河北省粮食生产吨粮县、河北省夏粮生产先进县等荣誉称号。

　　此后,任泽区又按照"产业优势、展现特色、集聚发展、辐射带动"的思路,构建了省级品牌、地域品牌、产业品牌、企业品牌等多层次的强筋麦品牌,融合任泽区深厚的特色文化,开展线上线下品牌宣传推介活动,营造宣传品牌、支持品牌、发展品牌、保护品牌的良好氛围,提升公众对任泽强筋麦的认知度与美誉度,助力助推产业全线发展。2021年12月,成功举办了"任泽强筋麦"区域公用品牌发布会,同年"任泽强筋麦"品牌亮相广州世农会与大湾区食博会,品牌影响力和知名度得到显著提升。

以任泽区强筋小麦为抓手，邢台市也开始在全市范围内积极引导强筋小麦品种选育，生产销售单位与繁种基地密切合作，在柏乡县建设强筋小麦品种原原种繁种田，完善"三圃田"，加强品种提纯复壮，提高原原种和原种质量。可以说，在任泽强筋麦的带动下，邢台强筋麦在河北省的影响力越来越大，河北强筋麦也逐渐在全国知名。此前，在农业农村部谷物品质监督检验测试中心连续多年组织的《中国小麦质量报告》中，河北省生产的强筋小麦品质居全国首位。

榜样的力量在于推广。邢台市推进标准化生产，打造优质小麦产业带，推行各种模式托管服务，实行全程"六统一"标准化管理，开展优质麦提质减损行动。这些举措，保证了优质强筋小麦生产基地保优技术覆盖率、标准化生产率均达到85%。此外，发挥项目种子补助作用，每个县建设万亩示范片，集成示范绿色保优技术，探索规模化生产模式。同时，大力推进产业发展，促进一二三产业融合，引导小麦主食加工企业开发附加值高的面包、面点、冷冻食品等，发展"高、精、特、新"产品，提高产品附加值。

在任泽区"质量兴农、品牌强农"战略下，任泽强筋麦区域公用品牌，无疑是拉动区域产业集群发展、带动区域经济、全面助力乡村振兴的重要推动力。

小麦收获

南和金米

唐朝贡米·香传千年

塞田双穗嘉谷恭纪／清·查慎行

属车到处瑞徵奇，嘉谷欣看燕尾垂。

异亩比禾皆九穗，连畦如麦总双岐。

泽流膏雨珠兼玉，谱入豳风画亦诗。

从此康年岂胜纪，太平天子是农师。

　　"一般小米分着走，南和小米手拉手"，这是人们对南和金米独特之处的生动描述，说的是南和金米在熬煮之后与其他小米的不同之处，它更软、更香、更糯，开花好、米油多。

　　根据《南和文史概览》记载，唐朝名相宋璟，曾把家乡南和的小米带进皇宫献给武则天享用，女皇觉得出奇地好吃，于是就封南和小米为"金米"，至此南和金米也就成了贡品。

南和县得天独厚的地理条件，赋予了南和金米独特的品质。它地处太行山东麓冲积平原，光照充足，地下水质良好且水资源较为丰富，这种优势条件使南和金米籽粒饱满、米粒圆形、色泽金黄，且富含蛋白质、脂肪、钙、铁等营养物质，口感好。南和小米也由此获得了国家一级优质米的称号，农业农村部还专门为南和小米进行了"金米的地理标志保护"。

南和金米，用的是历史留下来的传统品种小米，经过农业专家的一步步遴选改良，形成了现在的南和金米。谷粒在穗上排列紧密，熬出的小米粥香黏、汤醇香、营养丰富，是保健养颜、赠送宾客之佳品。南和金米历来是孕产妇、儿童、老人的营养佳品。

熬粥，是小米最经典的吃法。南和金米籽粒饱满，形状呈正圆形，白粒率2%~5%，小米千粒重2.5克左右，用其熬粥既能省火、护锅，而且口感极佳。大火熬制5分钟，再转中火熬10分钟，熬出的粥绵香，汤米混为一体，不分层、不沉淀。南和金米因其独特的品质，逐渐销往全国各地，备受消费者追捧。

中国·南和

近年来，邢台市南和区高度重视农业品牌发展工作，重点打造"南和金米"农产品区域公用品牌，委托第三方公司对"南和金米"区域公用品牌进行品牌形象设计、品牌LOGO设计，规范了品牌视觉应用，制定了"南和金米"品牌使用授权管理办法及发展规划。

　　2020年9月16日，在南和区会展中心组织召开了"南和金米"区域公用品牌发布会，不断整合资源，持续展开品牌推广。为提升"南和金米"的品牌价值，2020年10月，在CCTV—17频道对"南和金米"开展了为期两个月的宣传活动。

　　同时，通过一系列活动加大对"南和金米"的推广力度，如组织网络达人带货，对南和区农产品进行直播销售，组织7家"南和金米"经营主体参加2020年9月17日在青岛举办的"农产品区域公用品牌热销暨中国品牌农产品展销庆丰收活动"，组织金沙河集团参加第二十四届中国（廊坊）农产品交易会，组织10家农产品经营主体参加在邢台举办的地方农产品产销活动等。

　　通过系列活动的推广、传播，"南和金米"的市场占有率、溢价能力明显提高，品牌价值得到有效提升。现在"南和金米"子品牌有"汇华金米""顺水河""里米公社""皇家谷粒香"等9个小米品牌。品牌建设带动了"南和金米"等特色农业产业化发展，形成了产供销一条龙的现代农业发展体系。

　　当地合作社也积极响应号召，进一步拓宽农民增收渠道，通过"企业+合作社+基地+农户"的发展模式，进行有机富硒优质米试点种植，帮助群众实现增收致富。

　　可以说，"南和金米"在现代南和人的手中切切实实变成了金米，"绿色、环保、有机"成了它的代名词。相信随着"南和金米"规模化种植、标准化生产和产业化经营的完善，"南和金米"也必将走向更广阔的市场，让世界看到"南和金米"的上乘品质，打出南和的"金名片"。

南和金米产品

南和金米
唐朝贡米·香传千年

唐朝贡米
香传千年

武则天御封"金米"

皇家百姓 老少皆宜

威|县|小|米
WEI XIAN XIAO MI
五谷之王　威县米香

题米元晖画／元·王冕

我生正坐山水癖，
展卷见山如蜜甜。
古树含烟黑个个，
远山落日见尖尖。
险绝岂惟游子虑，
清幽足慰老夫潜。
行路望云情更切，
不因小米故多添。

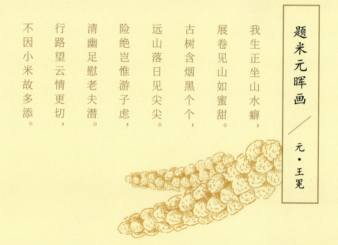

　　威县谷子种植历史悠久，加之本地土质沙壤、水质甘冽、光照充足等自然条件优势，每年优质谷子种植面积约2万亩，孕育出的本地小米营养丰富、米粒香、口感好，素有"黄金小米之乡"的美誉。

县域现有规模小米加工厂50余家，主要集中在枣元乡、洺州镇等乡镇，打造的本地品牌有季丰、金华、新华、洺州小米。目前加工企业采用电脑全自动机选、高精度自动称、自动化包装等设备，主要生产礼品装和真空装，主要销售市场为京津冀、河南、山东、山西、深圳等地。

威县小米因富含维生素B_1、B_{12}等，具有防止消化不良及口角生疮，以及防止反胃、呕吐的功效；还具有滋阴养血的功能，使产妇虚寒的体质得到调养，帮助她们恢复体力；小米还具有减轻皱纹和色斑、色素沉着的功效。

2023年9月，通过召开2023年邢台市农民丰收节暨"威县小米"区域公用品牌发布会，成功树立"威县小米"区域公用品牌，宣传"五谷之王，威县米香"品牌口号，带动威县本地优势谷子种植、加工包装、冷链物流、连锁专卖等多元产业全面发展，促使威县整个小米产业逐步品牌化、规模化。同时，加强小米市场的管理，统一区域品牌商标、生产标准、质量监管，不断规范威县小米的市场秩序，提升产品附加值。

南和犬猫粮
NanHe ♥ Dog & Cat Food

逢雪宿芙蓉山主人

唐·刘长卿

日暮苍山远，天寒白屋贫。

柴门闻犬吠，风雪夜归人。

　　古时文人墨客的笔下，不乏对猫狗等动物的描写，以此来表达田园生活的安逸或失意。由此可见，猫狗这类动物对人类的陪伴自古就有。在现代社会人们对宠物的重视度越来越高，不少人更是将猫狗等宠物视为自己的孩子。在这种背景下，与宠物相关的产业得以迅速发展，南和便是借此"风"而起的区域之一。

20世纪90年代,南和还是一个没有被完全开发出来的小县城,售卖饲料就是其致富途径之一。几毛钱一斤(一斤=500克)的饲料,是南和一些家庭主要的经济来源。由于南和的粮食非常丰富,种植业资源较其他地区也更有优势。所以在20世纪90年代,南和的饲料工厂越来越多,整个行业很快迎来了饱和状态,产业转型迫在眉睫。

借势国内宠物产业兴起及当地政策助力,南和的荣喜、华兴等龙头企业率先转向宠物食品产业,其他中小企业也开始纷纷转型,专注于犬粮、猫粮等宠物食品的研发、生产和销售。由于南和有传统畜禽饲料加工的基础,其宠物粮产品也迅速在市场打开了知名度。经过数年的发展,宠物食品产销量占据了全国的半数以上,成为全国最大的宠物食品生产基地。

自2016年后,区委、区政府顺势而为,引导激励产业迅猛发展,宠物产业实现了由量到质、由企业到集群、由行业到产业的华丽蝶变,一个超百亿的产业集群就此形成。目前,南和宠物特色产业已形成以宠物食品为主导,宠物用品及食品用品上下游配套产业、宠物繁育产业、宠物产业三产服务业全产业链发展的格局。2017年,南和被中国农业国际合作促进会宠物产业委员会命名为"中国宠物食品之乡"。

南和区宠物大赛

随着电商时代的到来,南和宠物粮产业也迎来了质的飞跃,其产地仓储的潜力被发掘,各大电商平台纷纷改变原有供应链模式,把仓储直接移到原产地。南和区也再次抓住了这一新机遇,大力发展宠物产业本地仓储项目,吸引各大网络交易平台入驻,畅通物流渠道,助力宠物粮电商企业蓬勃发展。

在电商的助力下,南和已集聚电商和营销商,如阿里巴巴南和产地仓、京东物流产地仓投运。南和被确定为国家数字乡村试点、国家"互联网+"农产品出村进城工程试点。

结合宠物产业特色,南和区人社部门也积极培育网红主播,组织开展多批次的电商创业孵化培训活动,有力拓宽了群众创业增收渠道。全区上下逐步形成"人人想创业、人人敢创业、人人能创业"的良好创业氛围。目前,南和已成为中国最大的宠物食品生产基地,宠物食品年产量132万吨,占据全国市场份额的60%以上。2022年,南和区宠物产业年产值达230亿元,辐射带动10余万人就业。

同时,南和区与高端院所深度对接,与河北农业大学共建宠物食品研究院,与中国农业科学院共建宠物食用品质量安全检测与评价中心,与李德发院士团队共建动物试验基地。南和牵头成立河北省宠物产业协会,联合农业农村部信息中心、中国农业科学院农业信息研究所和饲料研究所共同编制的"中国宠物产业·南和指数"成功上线运行,填补了国内空白。牵头制定《挤压膨化固态宠物(犬、猫)饲料生产质量控制技术规范》成为首个国家级层面的宠物行业技术标准。

此外,还推动实施宠物产业园区建设,"宠物特色小镇+仓储物流产业园区和宠物用品医药园区"的"一核两区"框架全面拉开,借助举办宠物博览会等,搭建客商交流、新品发布平台。

作为南和区的特色产业和重要经济支柱,宠物产业在推进乡村振兴、引导消费、增加就业、扩大内需、带动相关产业和区域经济发展等方面,发挥着关键作用。

根据《南和区宠物产业发展专项规划（2021—2025年）》，南和区将重点围绕宠物"生老病亡"全生命周期、"衣食住行训赛游乐"全产业链条，构建以宠物食品产业为核心，以宠物用品、宠物繁育、宠物服务（宠物医疗、宠物美容、宠物培训、会议会展、休闲旅游、文化创意等）产业为支撑，以农业种植、食品用品上游行业和包装、物流、电商等关联产业为基础的产业体系，建设宠物全产业链样板区、示范区，打造千亿级产业集群，建设具有国际影响力的"中国宠物产业之都"。

南和区将以华兴、荣喜、伊萨、派得等企业扩能为基础，巩固全国最大宠物食品生产加工基地的地位，大力发展玉米、小麦、大豆等原材料的精深加工，支持淀粉、肉骨粉、核桃粉、动物油脂加工等配套产业，研发效率高、自动化、多功能的食品机械，拓展新型包装材料，全方位增强宠物食品对协同配套产业的辐射和带动作用。同时，南和形成一批在全国有示范引领效应的科技成果，进一步提升"南和宠业"的竞争力和话语权。另外，南和区还将进一步做大宠物用品产业，做优宠物繁育产业，培育宠物服务产业。结合南和区农业嘉年华、乡村特色采摘等，推动宠物产业与旅游业相互融合、协同发展。

从宠物食品到宠物经济，一个产业"链"打造出了一个集群。可以说，南和走出了一条以宠物食品为主导，集宠物用品生产、销售、医养服务开发于一体的一二三产业融合发展的新路径。相信未来，南和将以全链条、集群式的发展，打造出中国宠物产业的航母集群。

今麦郎

方便面作为一种从"一包难求"再到"无从选择"的食物，承载了中国人太多的情感和回忆。回想起电视上那些热播的方便面广告，有两句经典的广告语至今记忆犹新，一句是"华龙面，天天见"，另一句就是"弹得好，弹得妙，弹得味道呱呱叫，今麦郎弹面"。这两句广告语其实都出自于同一家企业，那就是现在的今麦郎集团。两句经典的广告语，其实也代表着今麦郎作为中国民族品牌从应势创立再到腾飞发展的两个重要阶段，一个助推了今麦郎从区域走向全国，一个助推了今麦郎从大众向中高端的转型升级。而今，随着国家三减政策的提出和国民健康消费需求的升级，打造了"零油炸健康面""拉面范"生态矩阵的今麦郎，正代表着民族品牌的创新力量，奔向世界的下一个潮头。

今麦郎成立于1994年，总部位于河北邢台市的隆尧县。作为一家具备全产业链规模的现代化大型综合食品企业集团，今麦郎是农业产业化国家级重点龙头企业，业务涵盖方便食品、饮品、面粉三大板块，产品远销50多个国家和地区。

广告语里的一个"弹"字道出了今麦郎面食独有的好品质，而这背后离不开今麦郎在优质麦工程上多年的推行与深耕，正是得益于对优质原材料的极致追求，才有了从麦田到餐桌的"好麦出好面"。今麦郎在2005年启动了"今麦郎优质麦工程"，率先在黑龙港流域大力推广优质强筋小麦。

在优质麦推广过程中，今麦郎与合作社、农业大户形成了田间生产、采收、加工的订单农业模式，实行统一供种、统一管理、统一回收，形成了"种子原种化、种植订单化、生产标准化"的小麦产业化经营格局。通过高效农业示范园区，如今今麦郎已有45万亩优质麦种植基地，将食品加工业与农业生产种植深度融合，促进了全产业链发展和全价值链提升。

除了对原材料品质的把控和极致追求，今麦郎在产品研发和技术创新上也从未止步。企业建立了今麦郎中央研究所、今麦郎品牌定位研究院两大创新中心，先后被认定为河北省认定企业技术中心、河北省中小企业集群技术服务中心，并建立了河北省方便食品工程技术研究中心、河北省面制品产业技术研究院等省级研发中心，并成立了产品定位研究院，针对行业共性关键技术、生产加工技术研究、食品营养与安全等方面，进行深入研究，开发出适合不同消费者饮食习惯和需求的产品。

基于对消费者心智的深刻洞察，今麦郎塑造了多款行业明星产品。今麦郎旗下一桶半、一袋半系列是国内方便面市场中的现象级产品，其意义不止于其惊人的销量，更在于成为国内大分量方便面的先行者。"拉面范"作为零油炸健康面品类的开创者，灵感源于中国传统蒸煮工艺，经过数十年的技术攻关研发，其创新的零油炸蒸煮工艺，实现了人们对方便食品健康的需求。今麦郎凉白开作为熟水品类的开创者，源于消费者心智里中国人自古喝熟水的习惯，承载着中华千年的饮水智慧。

如今，随着数字化营销时代的来临，今麦郎也正由一家传统的快消品公司向快消品数字化科技公司转型，从生产到营销，数字化升级成为今麦郎增长引擎新动力。依托高科技的生产线和自动化生产工序，今麦郎用智能化生产实现降本增效和品质严控；依托智能化营销管理平台，今麦郎实现了对经销商及终端网点的精细化管理；依托终端"一物一码"，打通B端和C端的联结，用数字化的营销方式和大数据的算法重构"人、货、场"的营销生态；今麦郎的品牌营销和电商升级，实现了新消费时代品牌的全域流量布局，用内容营销和算法构建自己的私域流量池，完成线下、线上双配合的全渠道营销模式。

作为一家在行业里具备强大全产业链优势的企业，今麦郎的业务覆盖了一二三产业，企业不仅直接解决了当地的就业问题，还带动了当地种植、养殖、包装、运输、建筑、服务等相关产业的迅猛发展，使河北省由"小麦大省"一跃成为"制面强省"。此外，今麦郎在推动县域经济加快发展、建设特色小镇中也发挥了巨大作用。通过以商招商的方式，今麦郎先后引进龙大包装、红帽子制盖、华丽纸箱、厦门合兴等国内一流食品包装配套服务企业，不断引进更多食品及关联企业入驻隆尧，为建设食品特色小镇夯实了产业基础。可以说，今麦郎不只是一家食品企业，更是以创新驱动，将中国文化、数字经济、生态建设、饮食健康等相结合，实现中国食品工业创新升级的民族品牌创新典范。

今麦郎董事长范现国先生也有非常强烈的家国情怀,将"产业报国,造福社会"写进了企业文化。正如今麦郎董事长范现国所说,无论在哪个领域做出贡献和创新,都是对国家的贡献,有利国家实力的增强。未来,他将继续带领今麦郎集团主动承担企业社会责任,以生产促发展,为共同富裕和社会的可持续发展奉献力量。

今麦郎产品

金沙河

你能想象，作为一家面条加工企业，走进它的生产车间，竟然看不到面粉，因为在全自动化生产线上，一端进去的是小麦，另一端出来的就是包装好的挂面，全程只需要大约4小时。

你能想象，如果让你连续两个月顿顿吃挂面，如何才能每顿吃出不同的味道呢？无需你为烹饪方式烧脑，靠一家挂面企业就可以让你轻松实现。无论你的口味多么挑剔，总有一种口味让你喜爱。

这家企业，就是金沙河面业集团，全球最大的挂面生产企业。

金沙河集团，起源于1971年，选择用"起源"一词，是因为可以准确地表达一家土生土长的邢台企业最真实的发展历程。大多数这样的企业在起步时，是从一门简单生意或一个家庭作坊开始的，然后成为一个集团化的企业。

经过50年的发展，金沙河已成为一家一二三产业融合发展的民营企业。企业总部位于冀鲁豫三省中心地带，地理位置优越，自然环境得天独厚，是国家优质小麦的生产基地，可以为公司提供优质的粮源，确保挂面的麦香味，口感劲道爽滑。

南和区金沙河厂区

作为一家面粉加工企业，金沙河从小麦原粮供应至分类储存，从质量管理至节能降损技术提升，从产品研发至市场开拓，不断延伸产业链，实现从田间种植到生产、再到销售服务的无缝衔接，摸索出一条一二三产业融合发展之路。

2012年，邢台市南和区金沙河农作物种植专业合作社正式成立，经过几年的发展，种植规模已从最初的3766亩增至近3万亩。2018年合作社被评为省级示范社，2019年被评为国家农民合作社示范社。

现今，金沙河农业合作社流转土地约3万亩，实施"统一品种、统一物资、统一科学管理、统一培训、统一仓储、统一销售"的"六统一"经营管理模式，进行规模化、组合化经营管理，提升了土地利用率，稳定了农产品的内在品质。

金沙河集团的产品也从婴幼儿系列的蔬菜面、鸡蛋面到孕妇的营养面，从最常见的家常挂面到担担面、刀削面，从小麦芯面到杂粮面，品种应有尽有。公司主力产品刀削挂面荣获中国食品工业协会颁发的中国特色风味标志性产品名录证书。集团现拥有员工6000余人，日处理小麦23000吨，拥有132条挂面生产线，日生产挂面5000吨。

此外，公司还相继通过ISO 9001质量管理体系认证、ISO 14001环境管理体系认证、HACCP管理体系认证。2010年，公司被农业部评定为农业产业化国家重点龙头企业。经中国粮食行业协会专项调查结果公司被评为2021年挂面加工企业"十强"，小麦粉加工企业"五十强"。可以说，金沙河集团是全国挂面加工企业的领头羊。

金沙河产品

金沙河红薯岭景区

金沙河以面粉和挂面加工科普教育示范基地为基础，打造了金沙河面业工业旅游景区，以合作社万亩种植试验田为主导，开展农耕体验，打造农业种植科普基地；依托油菜花、葵花、红薯育苗研发等特色，打造了农旅融合景区红薯岭田园综合体。截至2023年8月，金沙河已建成3家国家3A级旅游景区，累计接待游客100余万人次，走出了一条"工业+农业+风景"旅游新路子。

金沙河始终坚持"为员工创造福利、为客户创造价值、为大众创造健康、为社会创造和谐"的使命，通过50年的努力，金沙河已拥有5000余名客户，产品畅销全国各地，并进入了沃尔玛、家乐福、大润发、华润万家、乐购等国际卖场，还远销欧洲、美洲、大洋洲、非洲等80多个国家和地区。

金沙河产品

另外，金沙河农作物种植专业合作社还在传统的以固定地租流转土地的基础上，探索"摊股入亩，按比分红"的模式，并为高素质农民建立风险保障基金，勒紧了合作社中企业成员、职业农民和股权农户三个主体之间的利益纽带，推动了多元主体的跨地域合作。该合作社实行职业农民代表制，是大规模、跨地域合作社践行民主管理、民主决策的积极探索和创新。

这一模式不仅实现了产业规模化管理，利于企业的降本增效，还培养了部分管理型人才，带动村集体增收，或将成为当地实现共同富裕的重要引擎。

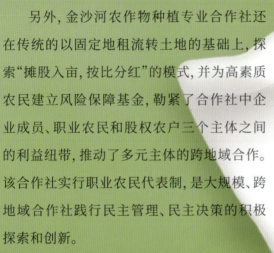

金沙河产品

企 \ 业 \ 品 \ 牌

玉 锋 实 业 集 团

正如它自身的颜色一样,玉米是货真价实的金豆子,在邢台宁晋玉锋实业集团的现代化车间里,它真正实现了自身的"黄金价值"。一粒粒玉米被加工成淀粉糖、玉米油、维生素、各种代糖类产品等,满足着人们对美食的需求,守护着人们的健康。

玉锋实业集团始建于2000年,是国家农业产业化重点龙头企业100强、国家高新技术企业、国家级专精特新小巨人企业。公司旗下多个板块产品销量连续多年位居全国及世界前列。

在23年的时间里,玉锋实业集团先后投资80多亿元,构建起从第一、第二产业到第三产业的粮食全产业链发展之路,逐渐形成了以粮食深加工为主线的全产业链集团化公司,恪守"做大做强粮食深加工,造福'三农'百姓"的宗旨,不断扩展旗下产业,先后成立玉星生物、玉星食品、金锋糖醇、康伟科技、玉锋电力、玉锋供热、金玉粮食物流、利宁仓储、康海油脂、祥海化工等20余家全资子公司,共有10个工业园区,旗下业务涵盖粮食收储、食品、油脂、功能糖醇、动物饲料、生物制药、热电、盐化工、物流、国际贸易等多个大型产业,是一家具有超强生命力的企业。

玉锋实业集团产品

目前，玉锋实业集团也是我国单体最大的玉米深加工企业，平均年加工玉米总量近600万吨。企业形成了从玉米芯到玉米仁，从原料玉米收储到生产玉米淀粉、淀粉糖、维生素B_{12}等多个项目共生的大产业链条，以玉米深加工为主线，涵盖粮食加工、动物饲料、功能糖醇、生物制药等全产业链布局。玉锋集团旗下多个维生素原料药产品生产能力连续多年位居世界前列，尤其是维生素B_{12}的产能连续多年占据全球市场70%的份额，是全球最大的维生素B_{12}生产基地。

除坚持传统的生产加工外，玉锋集团也做到了与时俱进。企业积极投入新技术研究，开发新产品，陆续成立了2家高新技术企业、2家企业获评绿色工厂，拥有220余项实用新型发明，专利发明4项。在第十六届广州国际食用油与橄榄油产业博览会上，玉锋实业集团旗下玉星牌玉米油获得了"优质产品金奖"，还研发了"赤藓糖醇"等新技术产品。

此外，近些年玉锋还主持、参与制定了30余项国家、行业和省强制标准，其中主持制定的6项国家标准有：食用葡萄糖、麦芽糊精、结晶果糖、固体果葡糖、取水定额-淀粉糖制造，经国家质量技术监督部门正式颁布实施。玉锋集团的企业技术中心也成为了国家认定的企业技术中心、中国葡萄糖质量检测中心。

玉锋集团董事长用现代的思维、现代的管理，经营着玉锋集团庞大的玉米王国，将玉锋集团发展成为我国玉米加工业及生物大健康产业的领跑者。在企业不断发展壮大的同时，王玉锋董事长又将"感恩、回报"作为企业的社会职责。十多年来，玉锋集团先后兴修公路与水利工程，为山区农村兴建希望小学及基础生活设施，向灾区及贫困地区捐款捐物，累计达3000余万元。现在公司还坚持每年向企业周边农村的60岁以上占地户老人发放养老金，为贫困家庭修建住房等，用实际行动诠释兼济天下。

企\业\品\牌

▌邢襄粮油▌

　　河北邢襄粮油集团成立于1997年,其前身为邢台市粮油集团总公司。历经26年砥砺奋进,邢襄粮油已从负资产、零起步发展到现在资产总额近10亿元,仓储规模达55万吨的国家农业产业化龙头企业。

　　"与时俱进,踔厉奋发"是新时代国企的使命担当。随着国际国内粮油行业形势的变化,国内粮食仓储企业也被推到了风口浪尖,国有经济优化重组势在必行。2023年,邢襄粮油完成了结构调整,实现了优化重组。重组后,邢襄粮油将6家粮食仓储类企业(国有股权)划入河北邢襄粮油集团有限公司,从而提高粮食仓储类企业的集中度,增强集约化管理。

如今,整合重组后的粮油集团共有15个粮食收储库区,有效仓容106万吨,承储政策性粮食41.65万吨,年粮食经营量100多万吨。此外,邢襄粮油集团也在积极引进外来资金,焕发企业活力。先后与中储粮集团北京分公司、京粮集团合作洽谈,拟投资6亿元在留村直属库建设26万吨立筒仓集群项目,争取中央储备粮承储任务落地邢台。

邢襄粮油集团的发展历程是全体邢粮人接续奋斗、努力拼搏的集中体现,彰显了粮食人坚持把饭碗牢牢端在自己手中的决心,"守住管好天下粮仓"的光辉业绩。

相信在农业强国,由粮到食转变的新征程上,在国企改革,新时代赋予粮食人新使命的过程中,全体邢台粮食人也必将众志成城,走出邢台、走向世界。在市委、市政府、市国资委的坚强领导下,粮油集团全体干部职工,一定能够团结一致、开拓创新、奋勇争先,开创新的工作局面,取得新的优异成绩,展现新的国企面貌,为建设"太行泉城,美丽邢台"做出新的贡献。

企\业\品\牌

华威食品

河北华威食品有限公司成立于2000年,注册资本1510万元,位于宁晋县河渠镇工业园区,是一家省级产业化龙头企业。华威食品以小麦粉为基础,生产饼干、糕点成品,发展粮食深加工,带动了当地食品行业的迅速发展。

公司自成立以来,便以"科研领先,企业、客户至上,诚信第一"为宗旨,严选优质食材,配以传统秘方,精心烘焙产品。经过23年的发展,河北华威食品有限公司现已发展成占地27000平方米,建筑18000平方米,拥有员工230余人,各类技术研发人才35余人,总资产4000多万元,是集饼干、馍片生产、销售于一体的现代化食品生产企业。旗下拥有宁威、欧美客、焙满分3个商标,其中宁威为河北省著名商标。截至2023年,公司发明15项专利、1个外观设计专利,先后被评为省级龙头企业、省级示范联合体核心龙头企业、省级专精特新企业。

河北华威食品有限公司部分产品

公司拥有国内食品生产线4条及全自动化面包生产线1条,以酥性饼干、韧性饼干、夹心饼干、烤馍片、面包为主导产品,形成五大系列150多个品种。其产品因色泽鲜亮、风味独特、香脆可口及营养丰富等特点,销往全国各地,赢得了诸多消费者的青睐。

在生产经验极其丰富的基础上,华威食品还凭借一流的设备,先进的工艺技术及科学管理,不断精进生产技术,使其产品符合国家的相关生产标准。产品做到了品质稳定、上乘。2023年,公司已通过ISO 9001、美国FDA认证,公司遵照HACCP食品质量安全管理体系和IFS国际食品供应商标准严格把关质量,并通过了马来西亚清真认证。

此外,河北华威食品有限公司还是伊斯兰食品定点生产单位,其"宁威"商标是河北省首家饼干糕点的著名商标。该公司实行"公司产业+农户(贫困户)"模式,优先吸纳有劳动能力的贫困户群众在公司打工,使其获得劳动报酬。公司为贫困户创造了就业机会,增加了贫困家庭收入。截至2020年7月,公司产业扶贫分红覆盖周边3个乡镇、345户建档立卡贫困户,累计发放分红22万元。

公司先后在2012年度被评为河北省食品安全示范企业,2016年获得河北省名牌产品企业、诚信经营示范企业、高新技术企业等荣誉称号,2018年获河北省科技型中小企业、河北省工业企业研发机构证书、省示范产业化联合体、邢台市科技企业研发中心。

今旭面业

　　河北今旭面业成立于2013年，位于河北邢台的隆尧县，是一家集研发、生产、销售于一体的半干面、鲜面、快熟面、冷面、意大利面等面制品企业，占地4万平方米，设有6个面制品生产车间，旗下员工600多人。分公司位于江苏南通，设有2个面制品生产车间，年产量达9万吨，是国内最大的半干面生产企业。同时，企业成立今旭健康小屋连锁专卖店，致力于提高消费者健康品质生活。

　　今旭面业目前主要生产"三个樱桃""五味麦社""全维谷"品牌的系列产品，主要有营养型低GI国家发明专利面、天然有机面、餐饮专用面、西餐意大利面、家常面、冷面、港式竹升面、鲜面等。其中以大健康为主的国家发明——糖尿病人专利面，属于低GI食物，GI值为42.7，并且荣获国家低GI食品认证，具有稳糖、控糖效果，特别适合高血糖人群和减脂人群食用。

河北今旭面业

如今，今旭面业已在全国范围内建立了8000多个销售网点，销售网络覆盖20多个省份，200多个城市。产品也走出了国门，得到了广大消费者的信任和认可。今旭产品力在不断地提升，为促进新市场的开发提供了保障。

当然，产品畅销的背后离不开今旭面业一直以来的工匠精神，其生产面制品所用的原料及制作工艺十分讲究，其产品均精选优质小麦为原料，面粉的灰分含量低、面筋筋度质量好，再结合现代制面的新技术、新工艺，使产品具有筋道却又不失柔软、色泽明亮自然、煮食不浑汤、口感爽滑有弹性等特点，是新一代方便、快捷、健康的面制食品。

今旭面业自成立以来，一直秉承"产品质量，我有责任"的品质理念，追求全员、全过程的品质控制体系，设置有独立的品管部并配备先进的检测仪器，从软件和硬件两个方面同时增强品质控制能力。在公司各部门持续开拓创新下，今旭面业现已获得HACCP和FSSC 22000管理体系认证，同时也是《中国生鲜面行业团体标准》的制定者。

为了不断提升产品品质，开发出更多符合消费者需求的产品，今旭面业也与江南大学、河北农业大学等建立了长期合作关系，以高水平的食品人才、专业的研发团队、健全的实验设施为依托，今旭面业在产品开发、品质改善等方面有了质的飞跃。

今旭面业先后获得河北省农业产业化龙头企业、国家高新技术企业、河北省专精特新示范企业、内蒙古自治区科学技术一等奖、河北省科技创新型企业、中国商业联合会科学技术奖（面制品保鲜和品质调控技术研发一等奖）、河北省民营企业社会责任百强企业等荣誉。未来，今旭面业将不忘初心，继续开拓创新，致力研发生产出更健康美味的产品，以满足市场的多元化需求。

九谷面业

　　柏乡九谷面业有限责任公司成立于2003年,注册资金500万元,全部资产1.05亿元,日加工小麦500吨,占地70余亩。公司坐落于邢台柏乡县东环路北段,距107国道、京广铁路、京深高速公路5公里,交通便利。

　　九谷面业旗下产品主要有颗粒面粉、特精粉、特一粉、特二粉等,主导产品为"九谷"牌富硒面粉。产品主要销往北京、天津、山西、陕西、四川、内蒙古等地。

　　2012年,河北省地质调查发现,柏乡县土壤环境中的硒含量极高,且全域无重金属污染,几乎全部满足绿色农产品产地土壤环境质量标准。于是,2013年柏乡县把发展富硒功能农业列入全县发展规划,九谷面业也借势研发并推出富硒面粉。九谷牌富硒面粉从小麦种植到面粉加工实施全程监控、一条龙作业,硒含量高且稳定(硒含量达500微克/千克)。富硒面粉在恩施硒博会上荣获"最具市场影响力名优硒产品"称号。

　　经过近20年的拼搏,九谷面业已初具规模,年产值达9567万元,实现年利税356万元。此外,九谷面业已具备完善的质量保证体系,产品完全符合国家质量标准和卫生标准,拥有成套检化设备,能够系统地进行生产过程控制、产品常规项目及内在品质检测,做到生产和检测同步完成,并针对检验数据建立档案,定期分析统计。以九谷面业完善的企业法人制度为基础,有限责任制度为保证,公司企业为主要形式,九谷面业目前已建立了产权清晰、责任明确、管理科学的新型企业制度,以适应当今快速发展的市场需求。

九谷面业产品

御品 珍品
上品 佳品

您的需要 我们创造
高端产品只为少数人

　　九谷面业自成立以来，始终坚持"质量为先，优质服务，互利共赢"的生产经营宗旨，一贯秉承"聚贤财、铸精品、创未来"的核心理念，始终坚持"质量效益型、科技创新型、环保节约型、安全生产型"的科学发展道路。九谷面业在2012年被评为市级重点企业、2013年荣获邢台市知名商标、2014年被评为县重点项目建设先进单位、2014年荣获河北省著名商标、2015年荣获河北省科技型中小企业、2016年荣获县特色农业示范企业、2017年7月通过了ISO 9001质量管理体系认证、2018年3月荣获河北省优质产品称号、2021年4月荣获河北省农业产业化龙头企业、2022年1月通过了危害分析与关键控制点HACCPA体系认证。

　　近些年，九谷面业依托柏乡富硒资源，着力发展富硒、绿色、健康农业，有机农产品产量越来越高，种植规模越来越大，产品种类由玉米、小麦扩展到谷子、大豆等，种植面积、产品种类均呈上升趋势。同时企业还带动了周边村民致富。

今中道食品

河北今中道食品有限公司是2016年在宁晋县思农伟业有机农业专业合作社的基础上成立的,注册资金1000万元,位于河北省宁晋县纪昌庄乡纪昌庄北村,是一家集面食研发和生产、营销于一体的企业。

公司以河北省农业科学院、河北农业大学食品学院专家及团队为依托,参与产品开发与研究工作,一起攻克了鲜面保鲜技术。截至2023年今中道鲜面在常温25℃以下、避光状态下,保质期突破3个月,冷藏突破6个月,有效解决了鲜面条的保鲜问题。公司成立了新产品研发机构,确立了新产品研发思路,引进国际先进的智能化鲜面加工流水线,拥有完善的监测设备和质量管理体系,主要车间有医药级加工车间、研发中心、检测中心。公司生产的主要产品有半干面、湿鲜面、杂粮面、荞麦面、紫薯面、蔬菜面、生日面等系列产品。

产品注册商标有今中道、今众道、健字面等品牌,公司始终专注于中高端面条、定制面条、功能性面条的研发、生产以及销售,一直以"中国面制品第一品牌""中国唯一一家面制品定制企业"和"中国面食保健引领者"为发展目标,研发定制企业庆典面、团圆面、喜面、长寿面和适合不同人群的荞麦面、燕麦面、蔬菜面、麦麸面等系列产品。

今中道产品

公司销售实行多元化、网络化、专业化，企业充分利用新媒体、直播带货、社区团购、电商平台等媒介作为突破口，迎合客户、吸引客户、满足客户的需求，快速提升今中道品牌。截至2023年"今中道"系列鲜面条不仅畅销二三线城市的便利店、生鲜店、社区店，而且畅销北京、上海、广州等一线城市的大型连锁超市，成为广大消费者的首选品牌和民生产品。

2017年，企业成立了今中道电商平台，开展电子商务和跨境电商进出口业务。通过电子商务打通"互联网+农业全产业链+全程可追溯体系"的深度融合。

今中道产品原粮选择和当地农户直接对接，采取订单农业。企业通过合约确定农户为原料生产户，采取统一供种、统一技术、统一培训、统一收购、统一服务的方式，建立"公司+农户+订单"的生产模式，保障加工原料的供给和质量要求。河北今中道食品有限公司始终致力于人类营养与健康研究，围绕食品深加工、研发、流通三大目标稳健发展，打造"原粮基地+加工+研发+销售+配送+体验"的"六位一体"模式和全过程产品可追溯体系。今中道公司一直走在面条系列产品研发的前列，为中国消费者提供最具质量和健康保障的安全食品。

河北今中道食品有限公司研发中心

企\业\品\牌

食全十美食品

　　河北食全十美食品科技有限公司位于邢台市清河县,于2014年正式成立开业。公司占地200余亩,产品以速冻食品为主,员工300余人,年生产能力达20万吨。

　　食全十美的速冻产品以面点为主,拥有全自动的水饺生产线、汤圆生产线、手抓饼生产线以及芝麻球、春卷、锅贴、玉米饼、紫薯糯米球、油条和面点生产线等,具有3台先进的冷冻隧道设备以及先进的食品检测设备和试验设备,并配有专业的无菌实验室,有专业技术研发人员10余人,现有单品共计100余种,处于同行业领先水平。其中,食全十美公司首创的速冻江门风味肠是国内首个冷鲜速冻腊肠,外观红白相间、颜色鲜亮,吃起来颗粒感强、香味浓郁、回味悠长,与传统腊肠相比,速冻江门风味肠口感新鲜,不返油,耐储存,可用于多种餐饮消费场景。

　　在销售模式上,食全十美实行厂商结盟、产销分离的运营模式,以求将销售网络覆盖至全国各地。在河北、河南、山东投建三大生产工厂,在北京、河南、河北三地搭建营销分公司。截至2023年,食全十美在全国约有300余家经销商渠道,完成了全国多家餐饮连锁渠道的战略布局。

河北食全十美食品科技有限公司

河北食全十美食品科技有限公司产品

此外，公司还在网络建设上重点发展1000公里以内商业圈，在此商业圈内发展优质客户、重点客户，除进军大中城市商超外，重点发展二三线城市及县、乡级商超市场，做到网络无空白，力争覆盖全国重点城市。如今，食全十美的销售网络已覆盖了河北、山东、江苏、安徽、河南、北京、天津、湖南、湖北、江西、重庆、成都、内蒙古、陕西、山西、甘肃、新疆及东北三省等多个地区，完成了1000公里内强势商圈的战略布局，年产值达1.5亿元。

食全十美自创建以来，秉承"最严谨的目标、最严格的监督、最严厉的处罚、最严肃的问责"的管理理念，以生产"天然、健康、优质、安全"的绿色食品为目标，不断加大自主创新能力。从全国各地聘请一流的研发人员组成研发团队，为企业注入强劲的产品研发力量，挖掘人才、留住人才使企业迸发生机和活力。同时，食全十美与河南农业大学建立合作伙伴关系，成为河南农业大学校外科研基地，通过这种产学研结合的方式使实验室的成果尽快变成人们餐桌上的美味佳肴。

截至2023年，公司在技术领域有10余项实用型发明专利，其中建设有速冻米面、速冻肉制品、速冻净菜三大生产车间，销售渠道以BC端多元化场景定位，合作伙伴集中在国内头部企业，如蜀海供应链、海底捞、呷哺呷哺、杨国福、芭比馒头、大润发、吉祥馄饨、十足便利等，其中明星产品稳居行业销量前茅。

2019年起，食全十美围绕产品、渠道和战略融资3个方面进行了战略调整。在产品层面，增加鲜食产品（0～4℃）的研发、生产和配送，实现多点百公里内直产直配；在渠道层面，打造自有品牌连锁门店，形成前店后厂的商业闭环模式，强化市场竞争力；在资本层面，接受优质资本或基金机构的资金和资源注入，实现企业快速发展。

企\业\品\牌

凤来仪酒业

河北凤来仪酒业有限公司始建于1916年,由宁晋县楼底村秀才范老诚创办"志诚公"烧坊开元,1946年与另外两家烧坊"志诚永""福盛泉"合并成立国营宁晋县制酒厂,2006年并入宁纺集团。2019年泥坑酒酿造技艺被列入河北省非物质文化遗产名录,2010年"福盛泉"商标被国家商务部授予"中华老字号"称号。如今,公司已形成了集酒文化体验、酒生产加工、酒工艺研发、酒文化风情为一体的国家3A级旅游景区。

凤来仪酒业产品

近年来，公司秉持董事长苏瑞广"不惜一切代价为父老乡亲酿一杯好酒"的理念，积极推进科技创新。公司与多家大专院校合作，现为河北农业大学、河北科技大学、北方学院的产学研结合基地、大学生就业实践基地、实习实训就业基地，并于2018年与河北农业大学、河北科技大学共建了博士工作站，致力于酿酒微生物研究。同时，还借助外力，与四川源坤专业团队建立合作关系，共同打造了泥坑新品"净雅香"。该产品一经上市就获得了"全国(2019)酒严选·酒品大赛金奖"、中国酒业协会"青酌奖"等多项荣誉称号。净雅香白酒的工艺技术研究获省食品工业科学技术奖一等奖，净雅香白酒的创制与酿造工艺技术研究，获得中国食品工业科学技术奖一等奖。2022年，公司与北京工商大学孙宝国院士团队合作的"传统酿造白酒风味乙酯微生物定向协同生成技术与应用"研究项目荣获中国商业联合会科学技术奖特等奖，泥坑园区入选全国非遗与旅游融合发展优选项目名录，公司荣获中国酒类流通协会2022年放心酒示范企业称号。

2023年，泥坑酒智能化酿造项目已基本完成，正在进行试生产；1916古文化街建设也已完工，即将投入运营。

在未来发展中，凤来仪酒业将在国家3A级旅游景区的基础上，不断完善相关配套设施，传播泥坑文化，让泥坑知名度、美誉度稳步提升，同时加大科技酿酒力度，让泥坑在继承传统的基础上，逐步实现创新发展、科学发展。

玉兰缘酒业

河北玉兰缘酒业于1991年在全国著名劳动模范吕玉兰的家乡邢台市临西县东留善固创办成立，以劳模名字"玉兰"命名，扎根家乡，不断发展，现已逐步成长为具备专业酿造工艺和丰富白酒产品的专业白酒企业。

企业以弘扬玉兰精神、发扬运河文化为使命，以"让更多的人了解家乡邢台、学习劳模精神"为发展宗旨，秉持发扬传统酿酒工艺，生产高品质、低价格的百姓放心酒，打造邢台特色产品的价值追求，始终坚持纯粮酿造，并不断发展进步，誓将玉兰品牌打造成邢台专属的"靓丽名片"。

ISGC 2023
"国际烈酒（中国）大奖赛"
INTERNATIONAL SPIRITS GRAND CHALLENGE

金奖产品

河北玉兰缘酒业金奖产品

　　2016年企业专门聘请酿酒大师赖高淮先生作为企业首席酿酒师、调酒师，并由其带领进行技术方面的升级改造。2020年聘请川酒研究院院长赵金松博士作为技术专家组主任委员，指导新产品研发。截至2023年，企业具备全新生产厂区和大型窖池，所用的泥土材料全部于泸州采购，在生产工艺方面引入传统泸州酿酒工艺，并在酿造过程中添加了大量诸如牛肉、鸡蛋、豆芽、苹果、梨等高营养食材以提升产品品质。高品质窖池和高水平酿酒师是玉兰酒业产出高标准白酒的强大保障和重要依托。2023年，酒业共有主要产品线3条：弘扬玉兰精神的"玉兰缘"系列产品，传承运河文化的"京韵河畔"系列产品，倡导榜样精神、发扬榜样文化的"青春榜样"系列产品。3条产品线深具家乡内涵及文化特色，收获了消费者的广泛好评和高度认可。

　　创始至今，玉兰缘酒业始终坚持秉承初心担当，不忘本土企业的重要使命，力图把最优质的酒品以最合适的价格提供给家乡群众，并荣获包括京津冀白酒高峰论坛创新产品奖、多届国际烈酒大赛金奖在内的多项荣誉。玉兰缘酒业也多次被评为县级食品安全示范单位，作为邢台代表企业参加上海、廊坊食品博览会及农产品交易会等，并于2018年成功通过国际食品安全认证，取得HACCP质量管理体系认证证书；2023年成为邢台首家纯粮固态发酵认证企业。

　　在发展过程中，玉兰缘酒业坚持以"为客户提供更优质的产品和更贴心的服务"为前进方向，不断传播玉兰精神、发扬运河文化，精心提升企业技术水平，紧跟行业步伐与客户需求，持续为老百姓创造消费价值，围绕群众需求开拓创新。未来，公司也必将秉承企业初心、扎根家乡土壤，继续为邢台文化的发展传播贡献力量。

企\业\品\牌

华 兴 食 品

　　华兴宠物食品有限公司位于河北省邢台市南和区,注册资金6000万元。公司为以宠物提供营养、健康、安全的食品为己任,专注于犬猫粮的研发、生产和销售。现已通过ISO 9001质量管理体系认证和ISO 22000食品安全管理体系认证,成为全国十强的宠物食品企业。

　　华兴宠物食品的发展史可追溯至1996年,公司最初从事蛋禽饲料生产,后因行业饱和,在2006年转型做宠物食品,专注于犬粮、猫粮的研发、生产和销售。

　　借势国内宠物产业兴起及当地政策助力,华兴一路高歌猛进,发展迅猛。2023年,华兴的厂区占地7万多平方米,建筑面积达10万余平方米,年产能40万吨,已形成干粮、湿粮、处方粮、保健品、零食、猫砂等多品类产品布局,共包含六大品牌400余种单品。

　　经过十余年的积累与发展,华兴的核心竞争力不断增强,旗下的奥丁、迪尤克、力狼、朗仕、冠邦、爵加已经成为国内市场上知名的宠物粮品牌,其中奥丁商标还被认定为中国驰名商标。

华兴宠物食品有限公司

华兴宠物食品产品

为丰富产品品类,满足消费市场的多元化需求,华兴在研发上投入了大量的精力,成立了"华兴营养研究中心"这一独立研发机构。2019年,华兴与邢台学院联合创办华兴设计学院,与安琪酵母在研发层面达成战略合作;2020年,与邢台学院生物科学与工程学院联合创建博士实验平台,研究中心饲喂了1300余只犬猫,包含25个品牌犬种和20个品牌猫种,以提供大量的实验数据,支撑公司产品的创新和实验成果的落地,并在国家核心期刊发表论文10余篇,获得国家专利31项。

凭借高度的责任感,严谨的科学方法,不断开拓的创新精神及丰富的专业知识,华兴研发团队研制的宠物产品做到了既营养又安全,产品类型也涉及改善肠道、预防肥胖、预防高血压高血脂、美毛等多种功效。

在华兴等龙头企业的带领下,南和逐渐形成了由宠物主食到零食、用品、美容、培训、寄养等多业态的全产业链条发展模式,产品覆盖宠物的衣食住行、生老病亡等多个方面,年产值逾百亿元。未来,相信会有更多"毛孩子"的口粮、玩具、服饰等来自南和、来自华兴。

泜河粮仓

　　河北冷水湖生态农业开发有限公司成立于2016年3月,位于河北临城县石城乡西冷水村。公司起步于4个国家级贫困村,生态资源良好,土地无污染。公司通过"功能农业+旅游"引领村子脱贫,是一家集标准化种植、销售、农业生态旅游开发于一体的现代化综合企业。

　　公司致力于开展富硒功能农产品市场,是中国科技大学苏州硒研究中心绿色功能农业产学研落地基地,形成了以富硒小米为主,其他多种农业产品为补充的产业特点。公司培育了泜河粮仓富硒杂粮品牌、认证了"栗沁"牌绿色富硒小米等。近年来产品销往全国各大城市,为所需人群提供了安全健康的富硒农产品。

泜河粮仓富硒杂粮系列产品生长在太行山东麓泜河流域浅山区，传统优质谷物杂粮种植带，该区域属片麻岩带。生态无污染，土壤富含多种矿物质。科学加施富硒有机营养肥种植，天然泉水灌溉，从源头把控，产品绿色健康，农产品安全可追溯，符合国家富硒农产品的标准。

公司与中国农业大学、中国科技大学、国家功能杂粮技术创新中心等高校及科研院所，以及苏州硒谷农业科技有限公司技术合作，聘请硒谷农业科技公司技术专家定期到基地、到农户家的田间地头开展科技推广、技术培训、技术服务，每年培训人数达千人以上。采用"基地+农户+合作社"的模式，统一供种、免费发放富硒有机肥，采取订单农业高价回收，打造扶贫专项产品，科学加施基于国际领先的生物营养强化技术和纳米科技研制的富硒有机微肥种植。同时，公司与内蒙古、陕西、恩施等10余个贫困县域建立富硒农产品优选生产合作基地，以及"泜河粮仓"富硒农产品体验店。产品统一平台销售与华联超市、物美超市、永辉超市、北国商城、家乐园等商超采取合作订单销售，建立了微店、抖音店等电商销售平台，公司还与中信易家、本来生活网、国铁12306网购平台、人民网人民优选等平台建立合作关系，畅通了消费扶贫渠道。

截至2023年，公司带动2680农户，其中以订单农业的方式带动810户，以其他方式带动1870余户，带动农户增收3500元。同时，公司通过科普实践基地、科普教育基地，以及公司科技人员多次到田间地头等多场所进行富硒农作物的种植与科普培训。公司还通过与媒体、同行交流进行"硒"的科普宣传。2022年公司创新的生产、经营推广模式"泜河粮仓 民族硒望——高硒高值功能食粮一站式解决"方案获得河北省第九届科技创新创业大赛三等奖，2022年在第十一届中国创新创业大赛（河北赛区）暨河北省第十届创新创业大赛中荣获二等奖，为公司预期全国推广发展鉴定了坚实的基础。

源头好粮 富硒生长

泜河粮仓，每一粒粮食都精挑细选
只有稀缺，才更珍贵
技术与培育上的深度探索
真正的富硒
温暖着希望，让新一代更加健强

GOOD SOURCE OF FOOD
SE-ENRICHED GROWTH

泜河粮仓富硒农作物研植基地
临城.冷水湖

52°良作柏乡蜜薯

22℃是人体最舒适的温度,36℃是人体的正常温度,而52°则是柏乡蜜薯的最佳甜度。

柏乡县慧谷春禾农业科技有限公司位于柏乡县省级现代农业园区,2016年7月成立,是一家集脱毒红薯原种引进、脱毒种苗繁育鲜薯储藏、鲜薯购销、鲜薯加工产业链推广等于一体的专业公司。

坚持"低卡低脂,健康生活"理念,从种植到收获,从田间到餐桌,用十三大体系、259道工艺,严把红薯品质关。由京东集团提供专业技术及设施设备,对甘薯从育种、育苗、种植、收储、加工、销售等实行一体化管理,全程以施用有机生物菌肥为主,远离农药化肥,拒绝杂质残留。通过数字化监控监管、科学施肥、规范生产、全流程溯源,确保甘薯生产全链条信息公开,终成52°良作柏乡蜜薯。52°良作柏乡蜜薯经充分糖化后,甜度可达45°~53°,这也是52°良作名字的由来。52°良作柏乡蜜薯,从甜、香、糯、粉、丝5个维度考量,分数皆能达到90分以上,且甜度适中,软糯可口,可以蒸着吃、煮着吃、烤着吃,堪称"薯中贵族"。52°良作柏乡蜜薯薯干,精选52°良作柏乡蜜薯,掐头去尾,削去薯皮只用红薯芯最精华的部分作为原料,零糖无添加。柏乡蜜薯荣获国家绿色食品证书、第六届世界硒都(恩施)硒产品博览交易会最具发展潜力名优硒产品、河北广播电视台严选好物、邢台农品十大好礼等荣誉。

52°良作柏乡蜜薯产品

公司建有邢台市甘薯产业技术研究院、"科创中国"功能农业服务团专家大院(柏乡)春禾农场研究基地、李亚坤创新工作室等,建有育苗基地400余亩,种薯种植基地3000余亩,商品薯种植基地2000亩,年产种薯1500万斤,鲜薯800多万斤,年产薯干100多万斤,年产冻烤薯300多万斤。公司建成标准化红薯储存库20座,可库存鲜薯1000万斤;建有薯干加工厂1座,建有首家集全县优质农副产品集中展示、展销暨网上直销、电商直播带货等于一体的综合展厅,开启了柏乡甘薯产业的快速发展之路。

公司已成为全国最大的零添加高端薯干加工企业,全国首家和京东物流合作建设的甘薯一体化供应链基地,河北省甘薯及薯干、冻烤薯加工骨干企业,河北省一二三产业融合发展重点项目。另外,公司先后获批河北省科技型中小企业、河北省农业产业化重点龙头企业、中国甘薯产业博览会优质供应商、河北省省级星创天地、河北省乡村振兴协会成员单位、邢台市供销合作社成员单位、柏乡县科技创新示范基地、柏乡县诚信之星等。

慧谷春禾公司通过"公司+农户""公司+基地+农户""订单农业"等模式,建成包括西汪镇西施庄等在内的高标准产业化种薯种植基地5个,种植规模达5000余亩,年产优质甘薯种薯1800万斤,带动当地农户就业3000人,仅每亩就带动农民增收700~800元,甘薯亩效益较其他大田作物增收1500元以上。通过实施优质甘薯育种育苗、优质甘薯收储及加工等,52°良作柏乡蜜薯带动全县2000余人就业,促进乡村振兴。

乐粟农业

河北乐粟农业开发有限公司位于威县洺州镇南关村南(邢临高速桥南侧)。公司始建于2010年, 总投资1600万元, 占地面积2000平方米, 拥有120吨的原粮储存仓6个, 配有先进生产线、全自动包装线2条, 日加工谷子原粮150吨, 年产出小米8000吨, 是一家拥有目前同行业内最先进的小米加工设备的企业之一, 公司产品销售范围不断扩大, 在业界具有较高口碑。

公司已注册"乐粟""洺州""益米嘉园""冀南洺州"多个品牌商标。公司在河北、辽宁、内蒙古、吉林等多处优质产地建立了种植基地, 以便为企业提供优质的粮源, 确保产品品质。生产设备集去杂、去石、碾米、抛光、色选、真空包装为一体, 在业界极为先进。公司对员工严格管理, 要求严把质量关; 产品具有颗粒均匀、香甜可口、营养丰富的特点, 堪称米中精品。

河北乐粟农业开发有限公司自创立以来, 始终坚持"为客户创造价值、为员工谋求福利、为民众打造健康"的理念和使命。近十年, 公司积极致力于企业的发展与创新, 不断更新理念、扩大规模、更新先进的生产设备, 公司现已拥有500余名优秀经销商, 产品不仅供应本地各大商厦、大中型超市, 还远销山东、河南、山西等地, 深受广大消费者喜爱。

河北乐粟农业产品

03

蔬果
飘香

shu guo piao xiang

区域公用品牌

宁晋羊肚菌

平乡滏河贡白菜

南和蔬菜

隆尧小孟甜瓜

隆尧鸡腿葱

南宫黄韭

企业品牌

河北九道菇

翔择农业

万客来蔬菜

馋馋香食品

菜 / 宋·刘黻

锄荒种新雨，擢秀美且艳。

生理未羞窄，采撷足饫餍。

每擅筐筥芳，湘以盐与酽。

舌根多嗜珍，味尔乃针砭。

随着生活水平的不断提高，人们对食物的追求也在不断升级变化，从最初的吃饱肚子，到今天吃出营养和健康。但在消费需求的不断变化中，唯一不变的是人们一年四季对优质果蔬的需求。

　　大多数北方人，对于大白菜、马铃薯和红白萝卜是有特殊情感的，这种情感源于长久的陪伴。在交通运输落后、设施种植还未大面积推广之前，从上一年的入冬到第二年的仲春，北方人能吃到的新鲜蔬菜大抵只有这几种。仲春之后，从韭菜、菠菜开始，新鲜果蔬才渐渐多了起来。

盛夏时节，诸多瓜果蔬菜成熟上市，人们的餐桌日渐丰盛起来。这些新鲜的蔬菜，大致可以分为两类，一类是茎叶菜，一类是瓜果菜。所谓盛夏的果实，说的其实主要是瓜类，因为大多数瓜类是被我们当作蔬菜食用的，比如冬瓜、南瓜、黄瓜等；作为水果食用的，主要是甜瓜和西瓜。《诗经·豳风·七月》中提到"七月食瓜，八月断壶（瓠）"，就是指农历七月吃甜瓜，八月采葫芦（瓠）。

进入9—10月，露天种植的瓜果蔬菜供应渐少，但北方大地上的大葱、萝卜、白菜长势正旺，它们即将迎来丰收。每年这个时候，邢台将会迎来一场蔬菜行业的盛会——邢台国际十字花科蔬菜产业大会，一个足以引领国内外十字花科蔬菜产业的创新发展的大会。已经连续举办五届的邢台国际十字花科蔬菜产业大会，不断壮大，参展品种由少到多，参展范围由国内拓展到国外，参展主体也从最初的以企业为主转变为企业与科研单位并重，已成为蔬菜领域的品牌盛会。

大会背后是邢台在这一领域的实力和底气。近50年的甘蓝育种发展历程，主导培育出68个具有自主知识产权的甘蓝品种，邢台甘蓝种子占据全国60%以上的市场份额，不仅促进了国内甘蓝种植业的发展，还打破了国外垄断的局面，牢牢将甘蓝种植的"中国芯"握在手中。

邢台，以其丰富的农业资源和独特的地理位置，在蔬菜领域走出了自己的一片天地，为农民增收、农业增效开辟了一条新的道路。

邢台全市常年蔬菜种植稳定在90万亩左右，为了丰富百姓的餐桌，保供京津，邢台市正在着力打造3个"百里示范带"，建设精品蔬菜供应基地和京津冀应急保障基地。设施种植与露天种植相结合，让邢台一年四季新鲜蔬菜不断，既有茄子、豆角、黄瓜、辣椒、萝卜、白菜等餐桌上的常客，也有独具特色的任泽花椰菜、南宫黄韭、南和番茄、平乡滏河贡白菜、宁晋羊肚菌等。其中可圈可点的，除了任泽花椰菜、平乡滏河贡白菜之外，当属宁晋的羊肚菌。

宁晋县是食用菌生产大县，有着近40年的种植历史，多年的技术积淀培育出一大批"乡土"技术人才。宁晋县充分发挥攻克"菌中皇后"羊肚菌"南菇北移"和稳产高产技术的优势，创新了羊肚菌保护高产栽培模式，引领食用菌产业逐渐向高端和高收益品种发展。宁晋县种植面积、亩均单产和栽培技术均位居全国领先地位，已成为国内最大的人工设施羊肚菌栽培基地。

邢台蔬菜产业的发展,得益于其得天独厚的自然条件。邢台市地处暖温带,四季分明、气候温和、土壤肥沃,非常适合蔬菜的生长。这里的蔬菜品种繁多,每一种都有其独特的口感和营养价值。这些优质的蔬菜,经过科学的种植技术和严格的质量把控后,成为了人们餐桌上的美味佳肴。

邢台蔬菜产业的发展,得益于其先进的农业科技。邢台市政府高度重视农业科技的发展,大力推广先进的种植技术和管理方法,大棚种植、设施农业、智慧农业等,邢台蔬菜产业在产量和质量上都得到了显著的提升。同时,邢台市还建立了完善的农产品质量安全监管体系,确保了每一种蔬菜的品质和食用安全。

邢台蔬菜产业的发展更得益于其广大农民的辛勤努力,他们积极学习新的农业知识,掌握新的种植技术,用自己的双手,种出了一片片绿色的希望。

　　未来,邢台蔬菜产业将在践行保供使命的同时,立足产业特色,充分发挥自身优势,聚焦平乡县滏河贡白菜、任泽区花椰菜、南宫市黄韭、南和区番茄、宁晋平菇和羊肚菌、临西金针菇、威县鸡枞菌等高端精品。通过设施化种植、科技化栽培、品牌化经营,不断提升蔬菜的品质和品牌,带动邢台蔬菜迈向现代化。

邢台国际十字花科蔬菜产业大会

NING JIN
YANG DU JUN

宁晋·羊肚菌

—— 菌中之王　晋如人意 ——

与参寥师行园中得黄耳蕈

宋·苏轼

遣化何时取众香，法筵斋钵久凄凉。

寒蔬病甲谁能采，落叶空畦半已荒。

老楮忽生黄耳菌，故人兼致白芽姜。

萧然放箸东南去，又入春山笋蕨乡。

每当春风吹过山野林间，春雨静默地滋润着万物，有一种神奇的菌菇便会按捺不住，破土而出，它就是羊肚菌。

羊肚菌，是一种极为珍贵的食药兼用菌，它由羊肚状的可孕头状体菌盖和一个不孕的菌柄组成。菌盖表面有网状棱的子实层，既像个蜂巢，也像个羊肚，因而得名羊肚菌。它虽然其貌不扬，却是与松露、松茸、牛肝菌齐名的世界四大名菌。在自然界中，羊肚菌的营养成分仅次于冬虫夏草，既是宴席上的珍品，又是久负盛名的食补良品，素有"素中之荤、菌中之王"的叫法，民间还有着"年年吃羊肚菌、八十照样满山走"的说法。除此之外，对温润环境的超高要求与短暂的采摘期更为其增添了几分珍贵。

营养健康叠中叠

宁晋羊肚菌

得天独厚
黄金经纬，气候适宜

浑然天成
大棚设施，精细管理

"硒"世珍品
富硒的更营养更健康

宁晋羊肚菌品牌形象

而如今，在现代科技与农业设施的鼎力相助下，羊肚菌这菌中之王在邢台宁晋县大放异彩。

宁晋县食用菌的栽培始于20世纪80年代，被县委、县政府确定为富民强县的三大农业龙型经济之一，经多年发展，其已呈现产业化、规模化、园区化、标准化等优势特点。

2016年，对于我国羊肚菌产业来说，是具有重大意义的一年，羊肚菌人工栽培实现了商业化运作，种植规模急剧增长，种植区域四面开花。乘着行业东风，宁晋县依托盛吉顺食用菌种植专业合作社，组织技术人员赴传统主产区四川学习考察，不断攻关，从生产实践中研发出一套适宜北方的"冀中南羊肚菌设施高产栽培模式"。当年即在宁晋试种成功，冷棚亩产600斤，产值突破3万元，填补了冀中南地区羊肚菌种植的空白，为南菇北移奠定了坚实的基础，为社员增收创富开辟了一条新道路。

从此，宁晋羊肚菌乘势而起，2018年羊肚菌最高亩产突破1400斤，2019年设施高产技术被农业农村部向全国重点推介，宁晋羊肚菌在业内名声大震。虽宁晋羊肚菌已成绩斐然，但其前进的步伐却从未停下。截至2023年，羊肚菌最新亩产已经成功突破2700斤，高产稳产持续受到业界和社会的广泛关注。

每年9月至次年4月，宁晋县羊肚菌利用设施栽培高产模式生产，根据市场需求，按照菌盖直径和柄长等标准分级采收，产品个大、色深，菌体黑白分明、外形美观、质量上乘。因菌盖颜色灰黑鲜亮，菌盖直径标准一致，外形美观，菌肉肥厚，柔韧，口感好，营养价值高，备受市场青睐。近几年，羊肚菌更成为出口外销的佼佼者。宁晋县先后获得全国食用菌行业优秀基地县、出口食用菌质量安全标准化示范县、国家级出口食品农产品质量安全示范区、北方羊肚菌种植基地县、河北省气候好产品等荣誉。

2021年，北方羊肚菌设施种植技术峰会在宁晋成功召开，这一原本在南方生长的珍稀羊肚菌彻底打破了生长培育的地域限制，不仅在宁晋县大面积种植和辐射推广，设施高产栽培技术也已在河北、河南、山西、山东、新疆、西藏等17个省份得到推广种植，数万农户通过种植羊肚菌实现了增收致富。

羊肚菌种植，实现南菇北移是前提，想要做大做强，还需要专门技术、专业人员、专家团队。宁晋县聘请河北农业大学、河北省农林科学院食用菌研究领域的教授组成技术领导小组，每年召开羊肚菌高效栽培技术培训班，深入到羊肚菌种植基地进行现场指导，提供技术服务保障，引进并改良新品种10多个。全县已建成华燕、盛吉顺、由由等

NING JIN
YANG DU JUN
—— 菌中之王　晋如人意 ——

羊肚菌规模种植基地18个，羊肚菌种植面积发展到5000亩。通过对盛吉顺、华燕等羊肚菌示范基地标准的提升和菌种繁育中心的建设，示范带动周边县市羊肚菌种植面积不断增加，形成了以宁晋县为核心的冀中南羊肚菌产业集群，成为全国最大的人工设施栽培羊肚菌基地，年产鲜菇2500吨。全县羊肚菌种植企业均纳入省级农产品质量追溯平台，多年来产品抽检合格率均为100%。

伴随着空气中的阵阵菇香，在盛吉顺食用菌种植合作社内，工人正在对合作社率先取得的绿色食品认证的羊肚菌鲜品进行烘干处理。另一边，在盛吉顺食品有限公司的车间里，以羊肚菌为原料的蘑菇酱、蘑菇宴、羊肚菌脆片、羊肚菌面条、羊肚菌冻干系列等10余种高端深加工产品已下线走向市场，有效补齐了羊肚菌深加工环节薄弱的短板，拉动了宁晋及周边县市羊肚菌食用菌产业全产业链的发展。

宁晋县食用菌产业，历经近40年的发展，现已拥有食用菌专业种植合作社35家，建有农业农村部部级标准化食用菌园区3个、200亩以上种植园区2个、100亩以上园区6个。种植品类多样化，涵盖平菇、姬菇、草菇、杏鲍菇、秀珍菇、金针菇、灵芝、木耳等品种，共有注册商标5个，获得绿色食品认证产品3个、有机认证产品2个。全县年产食用菌5.5万吨，产业产值达8亿元，小菌菇已然撑起了农人的"致富伞"，长成了富民兴县的大产业。

平乡滏河贡白菜

区 | 域 | 公 | 用 | 品 | 牌

邢台农业
品牌故事
/
104

画菘菜

明·倪谦

秋末园蔬已着霜，
青青偏爱晚菘香。
沙锅烂煮和根咬，
谁识淡中滋味长。

白菜，中国北方地区越冬的必备菜，就这样一种极为普通的蔬菜，在邢台平乡却有着非同一般的传奇故事。至今，在平乡县仍流传着梅花拳传人邹月仙结识嘉庆帝的故事。相传邹月仙用自家的白菜招待他，嘉庆帝连声称赞她家的"白菜疙瘩汤好吃"的佳话。这也是在平乡广为流传的那句顺口溜"任由骡马脱了缰，不舍白菜疙瘩汤"的由来。

这里的白菜，就是著名的滏河贡白菜，民间称为"黄芽白"。该品种包叶紧实、圆润，嫩叶多，色泽洁白，入锅汁白如奶，味甜可口，下锅易烂。清朝《植物名实图考》评论为"蔬中神品，不虚也"。因品种稀有，并富有食疗价值，自嘉庆年间，平乡的黄芽白大白菜成为了贡菜，历时一百余年，所以也被称为"贡白菜"。

平乡贡白菜只产于平乡县滏阳河两岸，因为这里地势平坦，土层深厚肥沃，土壤有机质含量高，光热资源充足，四季分明，昼夜温差明显，非常适合优质大白菜的生长。与普通大白菜相比，平乡贡白菜维生素C的含量每100克可高达41.6毫克，是普通大白菜的两倍，可溶性糖、钙、食用粗纤维、脂肪、谷氨酸等含量也明显偏高，具有一定的营养价值和药用价值。至今，在平乡县依然流传着这样一种说法："挨着滏阳河，不愁吃不愁喝。吃了贡白菜，不闹病不招灾。"

清代是平乡大白菜的巅峰时期。自嘉庆年间，平乡的黄芽白大白菜开始成为贡菜，直至八国联军进京，其间历时百余年。新中国成立初期，由于品种老化，加上田间管理不善，平乡大白菜一度受到冷落。

20世纪70年代之后，随着育种技术进步，平乡大白菜的产量和质量开始有了明显提升。80年代后，平乡地区整体蔬菜生产结构调整，但本地传统大白菜仍深受人们喜爱。20世纪90年代至21世纪初，由于缺乏科学的操作规范，病虫害增多，平乡大白菜大面积死亡。同时，受其他经济作物的冲击，黄芽白种植面积逐步减少，平乡县滏阳河沿岸农民仅为满足冬春两季家庭食用，市场上已经难觅平乡大白菜踪迹。

为重新抢救和发掘"贡菜"历史文化，平乡县对"贡菜"进行了科学总结和培育推广。通过对滏阳河传统白菜品种进行提纯复壮，形成了滏河贡白菜1号至5号等优势品种以及与之相应的配套种植新技术。该品种取得了明显的经济效益。

在平乡县多部门的努力配合下，"贡白菜"的商标注册、地理标志产品、清朝贡品中国老字号申请先后被国家有关部门审批通过。通过流转土地等方式，最初的零散小户种植逐渐发展成合作社、家庭农场等集中式规模化种植。截至2023年，平乡县种植滏河贡白菜的合作社和农场已逾20家，规模达到1万余亩，年产量约3万吨，并成功进驻北京、天津、石家庄、太原等城市大型商超，线上交易量也逐年增加。

2023年6月，河北省平乡县"滏河贡"春白菜试种现场观摩暨冬季订单签约会在滏阳河边成功举行，现场签下65万千克、104万元订购合同。"滏河贡"春白菜的试种成功，标志着平乡贡白菜常年供应计划已然步入实施阶段。

贡白菜在当地有很多种烹调方法，最简单的就是清水煮白菜。据说这样方能真正显出黄芽白大白菜的特殊风味，虽然是清水，但煮熟后却不见水，尽是黏稠的鲜美菜汤，且汤上边还漂着一层油珠，这就是平乡人平时说的"黄芽白"不用放油自生油。

节气小雪前后，物候萧瑟，正是传统平乡贡白菜的收获季节。滏阳河两岸一望无际的黄绿叶子，承载了当地农民对来年丰收的殷切希望。结束了一天的忙碌，夜晚全家人围坐在桌边，炖上一锅白菜，翻滚的汤汁热气腾腾，吃上一口，一天的疲劳尽消，生活岂不快哉！

滏河贡白菜包头1号

滏河贡白菜种植

白菜

【原产地 原生态】

滠河贡白菜宣传海报

南和蔬菜

区／域／公／用／品／牌

送范德孺

宋·苏轼

渐觉东风料峭寒，青蒿黄韭试春盘。

遥想庆州千嶂里，暮云衰草雪漫漫。

清晨，邢台市南和区贾宋镇郄村蔬菜交易市场内热闹非凡，新鲜采摘的番茄在这里经分选、装箱，由一辆辆货车发往京津冀的各大菜场与商超。凭借这小小的番茄，郄村先后获评番茄小镇、全国"一村一品"示范村、河北省产业融合十大典型案例等荣誉，村中人均年纯收入由3000元增长到6万元。郄村还入选2022年全国乡村特色产业产值超亿元村。在南和，像这样的蔬菜村有很多。

自1987年，南和区第一个冬暖式日光温室在原西里乡建成，南和蔬菜在不断探索与创新中已走过了近40年。一步一个脚印，日光温室架秧西葫芦种植模式、地膜覆盖日光温室大棚技术、《南和县关于大力发展设施蔬菜产业的实施意见》、南和县蔬菜办公室、"万亩大棚工程"规划、"双万亩大棚"工程项目、大拱棚硬质番茄傻瓜式栽培管理技术、大拱棚蔬菜无公害生产技术等见证了南和蔬菜的每一个进步。截至2009年底，南和已发展成为河北省60个蔬菜生产大县和全省35个蔬菜生产核心县之一，是河北省南部著名的西葫芦生产基地和出口番茄生产基地。

继往开来，在乡村振兴新时代背景下，南和区加快农业结构调整，按照"宜室则室、宜棚则棚"和沿路发展的原则，积极发展蔬菜种植，建成以郝桥镇、河郭镇、阎里乡为重点的日光温室和以贾宋镇为重点的拱棚蔬菜，形成了富民强区的蔬菜产业。南和荣获全国蔬菜产业重点县、国家农村产业融合发展示范园、国家农产品质量安全示范县等22张国家级名片，并入选河北省首批蔬菜产业示范县、河北省优质农产品生产供应基地、环京津蔬菜生产基地。

在"公司（合作社、农场）+基地+农户"发展模式下，南和蔬菜实现了统一种苗、统一技术、统一农资、统一管理、统一销售的"五统一"管理运营，利益共同体联结更为紧密。2022年全区蔬菜播种面积11.36万亩，总产量54.7万吨，全市蔬菜规模最大（占比1/7）的县之一，产值达21亿元，占农业总产值的44%。南和不仅有番茄、西葫芦、黄瓜等主导品种，还有白菜、甘蓝、大葱等遍布全区的露地蔬菜。"设施+露地"的种植模式不仅实现了周年化生产，还保证了南和蔬菜的多样性。南和蔬菜产业带动全区3.6万人就业，人均收入达5万元以上。

南和蔬菜种植基地

南和蔬菜自产业伊始，便携带了强大的技术创新基因，在产业发展的路上，创新的脚步从未停止，技术的支撑越发有力。南和与中国农业大学联合打造的占地247亩的高端设施蔬菜产业园，运用物联网等高新技术，实现了果蔬种植零污染、全程可追溯，其高端设施蔬菜集约化种植技术入选全国数字农业农村新技术、新产品、新模式优秀项目和智慧农业建设优秀案例。同时，将先进技术复制、嫁接，在万客来蔬菜合作社、珺睿家庭农场等一批特色种植主体进行推广应用。南和蔬菜的规模、品质和效益连连攀升，科技实实在在地为南和蔬菜的产业发展提供了无限动能。

科技支撑只是南和蔬菜产业得以快速发展的保障之一，在三产融合发展的思路下，南和区围绕主导品种番茄，精心设计"一生一柿"番茄采摘园；注册"近心农业""傻根""三多"等蔬菜商标，培育"近心农业"市级知名品牌，打造"南和蔬菜"市级区域公用品牌，不断提升"南和番茄——找回小时候的味道"品牌形象。设施农业产业集群口感番茄、万客来草莓番茄和黄瓜荣获河北省"精品蔬菜"荣誉称号。南和深入推进"互联网+"，建成农产品集散中心产业园，开展净菜加工和预制菜，推行线上线下一体化销售，产品销往北京、江苏、浙江等全国各地，并且依托邢州农批市场，与信天、家乐园等超市合作，实现基地直采、产地直供，不仅满足了全区的蔬菜需求，还成为京津冀蔬菜重要保供基地。南和的工作做法得到河北省领导的肯定性批示。

南和蔬菜种植大棚

产业发展向未来,南和将围绕构建"2+3+N"全链条产业体系,开展蔬菜产业提档升级行动,提升县域内企业科技水平和育苗能力,逐步实现区内育苗供应全覆盖。南和积极争跑项目支持,撬动更多社会资本投入,加快老旧设施改造,推进冷链仓储、净菜加工等延链补链项目,打造贾宋镇、郝桥镇、阎里乡3个蔬菜种植万亩示范区,将南和打造成冀南地区品质最优、体系最全的"中央厨房"和河北省蔬菜应急保供基地,谱写乡村产业振兴新篇章。

区｜域｜公｜用｜品｜牌

隆尧小孟甜瓜

诗一首·其一

宋·虞似良

一杯山茗雪花白，数片甘瓜碧玉香。

但得心闲无个事，人生何地不清凉。

2000多年前的中国汉代，张骞出使西域，成为开辟丝绸之路的第一人，从此东西文明开始交融，各色物种扎根他乡。胡瓜，便是源于彼时的外来物种，历经南北朝的不安与动荡，在后赵时期有了黄瓜、甜瓜的称呼。

隆尧县的小孟甜瓜，自正名伊始，也有千年历史。

小孟甜瓜果园

关于小孟甜瓜的由来，据《隆尧县志》记载，明朝燕王扫北时，该地只有一个名叫"小孟"的人幸存，因此得名"小孟村"。这个名叫"小孟"的人本是山东人，于明朝洪武年间来到这里，依托"黄滩海"码头，做起了瓜果生意，这里的甜瓜从此贩运到了很多地方。据传，他在燕王军队临村时，仓皇揣了几个甜瓜，躲到"黄滩海"码头的一个桥下，一连几天靠甜瓜充饥，从而幸存了下来。"靖难"结束后，明朝政府开始恢复生产，小孟甜瓜种植又逐渐兴盛起来。

时过境迁，当年的动荡不再，但因地处隆尧、柏乡和宁晋三县交界处，多是沙土地，粮食产量不高，过去的小孟村并不富裕。在全面建成小康社会、调优农业种植结构的新时代机遇期，小孟村村民高志敏传承历史、发扬传统，利用独特的光热土条件，找到了甜瓜这把"金钥匙"，通过先富带动后富，把特色种植越做越大，实为"当代小孟"。

金瓜银瓜,不如来一口清脆甜瓜。不同于西瓜的爽口,也不同于哈密瓜的甜腻,它细腻的果肉清香脉脉,香在外表,甜在心坎!每年的四五月份,新鲜的小孟甜瓜接连上市,吃在嘴里满口香甜,最能体现小孟甜瓜"色泽鲜艳、肉质细腻、汁液丰富、风味浓郁"的特有品质。

小孟甜瓜的甜源自于这方水土的天造地设,更离不开对生产技术的苛求与绿色种植的坚守。聘请专家教授,共建教育实验基地,外出学习考察,参加新型农民技术培训,创新驿站建设等一系列活动为甜瓜种植提供了坚实的技术支撑。在生产种植的过程中,小孟村村民秉持绿色种植、绿色管理,严格按照《小孟甜瓜无公害生产技术规程》操作,物理防虫,无药残危害,保留了产品原本的味、型和营养成分。小孟甜瓜被认定为绿色食品A级产品,获得了绿色食品认证标志。

在"当代小孟"高志敏的带动下,小孟村由最初17户带头建蔬菜大棚38个、占地78亩,发展到现在600户建棚、占地4000多亩。小孟村建立的固城镇北方农业园区实行标准化生产、规范化管理、品牌化经营,形成了供产销一条龙的生产经营模式,园区被评为邢台市现代农业园区。

园区着力构建"龙头企业联结合作社、合作社带动农户经营"模式,将小农户纳入园区建设体系,打造龙头企业、合作社、农户利益共同体,农民参与新型主体合作经营占比达80%以上。通过"村企联建""五统一分"等发展模式,组建了北方现代农业园区党总支,带动周边4个乡镇的20余个村进行规模化、标准化瓜果种植,发展设施大棚已达1586个,面积达5168亩,产值1.2亿元,群众增收8000万元。

采摘、挑选、分装、运输……饱满的小孟甜瓜铺满地头,果农们忙碌的身影穿梭在甜瓜地里。依托订单农业,小孟甜瓜与河南、海南和广东、深圳等地的连锁商超均签有订单,瓜果成熟

后，即会被统一收购。除此之外，凭借出色的产品品质，小孟甜瓜更是远销山东、山西、陕西、黑龙江、内蒙古等各大省份。

　　曾经在混乱年代幸存下的小村庄，如今凭借甜瓜，荣获了全国第七批"一村一品"示范村镇称号，在发展现代特色农业的道路上迈上了新台阶。

　　小孟村在外工作的乡亲回村目睹甜瓜盛况，非常感慨，写了一首《虞美人》："千年沉香何处寻？西寺东昭洼。任尔沧桑有兴替，绵延不绝帝王百姓家。自是胡黄更名始，岁岁长升发。小康建设春风里，户户盛开美丽幸福花。"

　　品牌建设与产业发展非一日之功，正是小孟人勤劳、奋进、朴实的精神成就了这一特色优势产业。小孟瓜，已能甜万家。

小孟甜瓜果园

隆尧鸡腿葱

区一域一公一用一品一牌

尧耕圣地葱香千年

YAO GENG SHENG DI CONG XIANG QIAN NIAN

寄男抱孙（部分）／唐·卢仝

乘凉劝奴婢，园里樀葱韭。

远篱编榆荚，近眼栽桃柳。

引水灌竹中，蒲池种莲藕。

捞漉蛙蟆脚，莫遣生科斗。

　　葱花调料、葱爆羊肉、大葱肉饺子、葱蘸酱、小葱拌豆腐……葱，在中国饮食文化中占据着极其重要的位置。其栽培面积占到了全国蔬菜播种面积的10%。关于大葱最早的记载，可追溯到战国时期《管子》中的"桓公五年，北伐山戎，得冬葱与戎椒，布之天下。"至今已有2000余年历史。

　　据隆尧县志记载，早在唐代，邢台隆尧县就盛产大葱，并将其作为历代贡品。明朝李时珍所著《本草纲目》中还转载了一个扁鹊有关葱的古方，可见隆尧大葱不仅栽培时间久远，且还有强大的药用功能。

物者，适者生存。隆尧县山口镇的隆尧村南邻泜河，北靠茅山，四季交替分明，光照充足，降水充沛，土质疏松肥沃，半沙壤土质，为大葱生长提供了绝佳的自然环境，隆尧大葱以此为中心在河两岸以及故道流域逐渐形成种植规模。县域外的很多地方均引进过隆尧大葱的种子，但由于气候、土壤条件的不适，不断退化，未能形成一方精品，而隆尧大葱却在这片土地上历经风雨，不断发展。

隆尧大葱的品种甚多，最能代表隆尧大葱品质的当数"鸡腿大葱"。这个历经千余年优选更迭的品种，体短色白，上细下粗，没有分枝，因葱白大如拳头，貌似鸡腿，所以被形象地称为"鸡腿大葱"。

隆尧鸡腿大葱

隆尧鸡腿大葱株高，葱体长盈尺，单颗重达0.7千克，其葱头和鳞茎洁白光亮、肥厚柔嫩、辣香味浓、清香宜口，葱白多、葱汁浓，实为大葱中的名贵品种，烹制佳肴的上等配菜。

经现代科学检验，隆尧鸡腿葱中含有维生素、磷、铁、葱油、苹果酸、无机盐等营养物质，其含量居各类大葱之首。同时，鸡腿大葱对感冒、头痛、腹痛、尿闭、霍乱、痢疾等病症均有特殊疗效。

夏秋时节，走在隆尧的阡陌田野上，一棵棵青翠挺拔的大葱上蒙着层白霜，透着股喜人的憨实劲儿。在金灿灿的阳光下，整个田野都弥漫着一股大葱特有的清香，令人神清气爽，心旷神怡。

秋去冬来，尽揽天地之精华，位于隆尧鸡腿葱核心产区的山口镇万亩示范园在寒冬时节喜迎丰收。在这片农业农村部大葱种植示范区内，冀大葱一号新品种落地生根，标准化生产技术体系与小麦大葱套种模式保证了大葱的提质增效。新农人队伍勇担重任，共同创下每亩1.1万元的高收益，万亩大葱直接拉动增收近10亿元。

在隆尧,像这样的示范区共有5个,总面积达到3万余亩,每年上市的鲜葱达3.3亿斤。每至收获时节,田间地笼,尽是葱香。分级、打捆、装车,再忙碌也掩不住幸福的笑脸,因为一两日后,这些大葱就会出现在北京、天津、山西、山东、河南、上海等全国10多个省份,精品葱甚至以每根6元左右的价格销出,是普通葱的3~4倍。鼓起的钱袋子终将不负这千年的传承与日夜的辛劳。

如今,在"龙头+基地+农户"的模式带动下,以今麦郎、悦园食品为产业龙头,隆尧紧紧围绕产业链条,完善利益联结机制,引领带动1万农户参与到了隆尧鸡腿葱的生产经营中,全面推进隆尧县农村一二三产业融合发展。

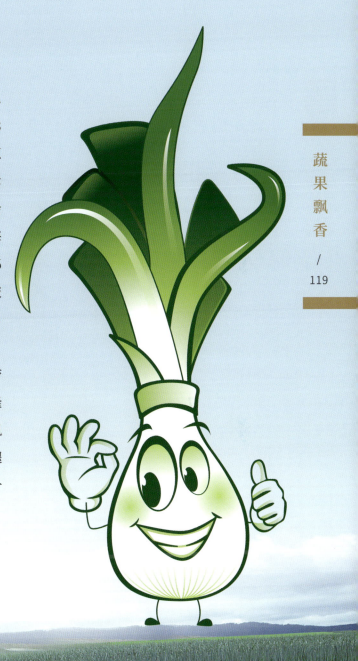

南宫黄韭
NAN GONG
HUANG JIU

韭

／

明·高启

芽抽冒余湿，掩冉烟中缕。

几夜故人来，寻畦剪春雨。

立冬后的北方农村，田野一派萧瑟寂静。而南宫市北胡街道高家庄村的一片韭菜生产基地里，却呈现出一派繁忙的景象。但令人诧异的是，这片长势良好的韭菜非但无人收获，还被十余台轰隆隆的机器打烂在地里。不远处，几百名工人分布在一条流水线的各个工序，分拣、栽种、整箱、包装……有条不紊地忙碌着。原来这里是南宫黄韭的生产基地，正是这要根不要叶的独特之处，造就了南宫黄韭的鲜香色美。

南宫黄韭原名丰本，又名韭黄，俗称黄莲韭。馨香扑鼻，鲜嫩色美，乃春种之青韭，经春、夏、秋三季，充分吸收阳光及大地之营养，青韭不割，至霜降，青韭叶萎壮根，集全年之精华于根内。地初冻，从大田内刨之，置韭根于壕子内无土栽培，不追施化肥与农药，依韭根之精华而生长，又使其隔绝光线，故所长之韭色黄鲜嫩，称之"黄韭"。此物栽培可追溯到汉代，至今已有2000多年的历史，自古就被誉为"菜中珍品"，更是明清时代的宫廷贡品。

据记载，南宫人在明朝崇祯十七年（1644）已掌握培植黄韭的技术，成小规模种植已有四五百年的历史。而早在更久远的汉朝，曾在南宫遇难呈祥的刘秀就称韭菜为"救菜"，创象形汉字"韮"，后简化成了"韭"字。此后，南宫与韭菜便解下了不解之缘。

早前的历史，我们无从亲历，但眼下这片平坦开阔又肥沃的土地，在半干旱的季风气候影响下，着实为黄韭的生长提供了优越的条件，也成就了南宫黄韭鞘白，叶黄微绿，叶长鞘短，口感鲜嫩，味道浓郁，辛辣口味淡，营养丰富的独特品质。南宫黄韭也因此荣获全国农产品地理标志产品称号。

在市场经济的浪潮中，历史的沉淀却对产业的发展起到了一定的束缚。受传统仓储、运输和种植模式等因素的制约，多年来南宫黄韭效益不高，多处于自种自食的状态，一直没有走向大市场。南宫市把加快农业标准化建设与"南宫黄韭"品牌培育紧密结合，不断加快发展标准化体系，积极发展绿色有机"南宫黄韭"，大力推进品牌"南宫黄韭"生产基地标准化建设。

与传统栽培模式不同，南宫黄韭盆景将韭菜根培植在了专门定制的盆里，每盆栽培250棵韭菜根，每个根可以长4棵韭菜，一盆就是1000棵韭菜。消费者只要在网上下订单，就可以把好吃又好看、营养又安全的盆栽黄韭带回家，还可以根据自身喜好，培育成金黄的黄韭、黄绿色的黄韭或油绿色的黄韭。

盆栽黄韭的模式创新为南宫黄韭提出了新的发展思路，韭菜由单一的食用功能，衍生出了无土栽培、种植体验、室内观赏、净化环境等多种功能。每年，上百万盆黄韭盆景随着快捷的物流通道销往京津以及全国20多个省份，并出口到中亚国家，年销量可达12000吨，总销售额达到36000万元，成为了城市居民最喜爱的装饰品。

南宫黄韭的香气醇正而内敛，在种植的过程中不像其他的韭菜弄得满屋味道。它的气味是在我们想吃的时候才会挥发出来，我们把黄韭割下来，瞬间浓郁韭香味就飘散出来了，而且能看到韭叶上的汁水。将一盆黄韭盆景搬回家，浇点水、通通风，半个月的时间就长起来了，割下来可以包饺子、炒菜。黄韭盆景跟在温棚里一样，能割三四茬；放着不割，金黄剔透、娇艳欲滴的样子，又活脱脱是讨人喜欢的观赏植物。

南宫黄韭产品

南宫黄韭上市正好是过年时期, 提着黄韭拜访亲朋好友成了很多人的首选, 中国人喜爱吉祥字音, 黄韭视为"长长久久", 又是大家喜食的蔬菜佳品。同时黄韭还具有良好的药用价值, 健胃消食、活血散瘀、理气降逆、温肾壮阳、杀菌消炎、活血明目, 是冬季菜中的珍品。此时, 大家争相购买, 是谓年礼。近几年, 随着快递产业的迅速发展, 冬季送黄韭已经成为全国"送健康、送长久"的通用大礼。

河北九道菇生物科技有限公司

河北九道菇

秋分时节,碧空如洗。卫运河畔,丰收在望。

驱车来到临西县城,驶入宽阔整洁的"光明大道",只见一座绿色生态、生命力蓬勃的现代化产业园拔地而起,这里就是光明食品集团上海五四有限公司旗下的河北九道菇生物科技有限公司。走进河北九道菇的生产车间,纵横错落的自动化传输带在各个厂房中连续作业,将菌菇培养瓶有序地流转到下一道工序。

坐落在临西县城东部的河北九道菇生物科技有限公司,是由上海光明食品集团投资15亿元兴建的。该公司的工厂化食用菌项目规划用地由580亩减少到306亩,土地节约使用率达47%。整个厂区内的培养生产车间全部采用"立体化"种植,是高度密集型和土地节约型的典范,特别是各个生产车间与包装车间皆以封闭的产品传输带连接互通,处处显现现代的科技气息。装瓶车间拥有6条全自动流水线,日装瓶量达33万瓶,是目前全球单体规模较大的菌菇工厂化设施栽培基地。

食用菌产品何以命名为"九道菇"?

产品之所以命名为"九道菇",是因为产品要经过严苛环境条件下的九道生产工序,包括种菌选育、基料培养、灭菌瓶栽、无菌接种、低温栽培、净化育收、生物检测、保鲜包装、冷链物流。

河北九道菇产品

　　"变废为宝"是河北九道菇的独特优势之一，所使用的原料全部来自农林业的下脚料，如麸皮、米糠、棉籽壳、玉米芯、木屑等，年可消化当地玉米芯1.26万吨、棉籽壳4900多吨等，促进农户增收1100多万元。经过科学配比、高压灭菌，整个生产过程不使用农药、化肥和任何添加剂，而出菇后的废料又是良好的生物质燃料，每年可节约3000吨燃料柴油，还是生产生物有机肥的主要原料，不会造成二次污染。

　　在低温栽培车间，立体架上一排排洁白如玉的菌菇长势喜人，其接种、培养洁净车间采用GMP车间标准，净化程度达1万级，洁净区全程无菌化接种、培养，确保了零污染。公司专门设立菌种实验室，由高端技术人才严格把控菌种质量。生育车间以绿色食品的标准来培育真姬菇品种，采用纯净水雾化加湿，高效过滤，确保了生产全过程洁净无污染、无转基因，营养元素含量均高于市场销售的普通产品。

　　自投产以来，生育车间严格采用食品安全标准培育食用菌品种，其营养元素含量均高于市场销售的普通产品，并于2018年3月顺利实现出口。迄今为止，平均每7天就有一个集装箱的食用菌鲜品发往国外，成为公司全面保障出口产品安全优质的一次成功实践。

　　得益于高标准、现代化的生产程序和严格的车间管理，临西县"河北九道菇"获评省十佳食用菌知名品牌，产品畅销国内20多个省份，并且出口欧洲、亚洲和非洲多个国家。截至2023年，临西县河北九道菇生物科技有限公司年产金针菇、白玉菇、蟹味菇食用菌鲜品6万余吨，构建起以"农业顶尖、行业智能、供给高端"为主要标志的"菌菇王国"。该项目为临西县及周边县市农村剩余劳动力提供了1000多个就业岗位，促进全县6000多农户实现增收1.8亿余元，对于贫困人口"加速度"脱贫致富发挥了极大的助推作用。带动当地纸箱、食品加工等10多个关联产业发展，为大众创业提供了利好平台。

　　在临西，"九道菇"已然蹚出了一条"光明路"。

翔择农业

在柏乡县柏乡镇国营原种场的设施大棚里，一个人正在认真地观察棚里作物的长势，他就是柏乡县翔择农业科技有限公司的董事长赵辰重。

2016年，从军38年的赵辰重义无反顾地选择回到家乡创业，经慎重考察，确定了以种植羊肚菌为主，依靠科技发展现代生态循环农业。同年7月，柏乡县翔择农业科技有限公司正式成立。经多年发展，公司现已发展成为集新菌种培育、仿生栽培、设施种植、初深加工、产品销售为一体的综合性企业。

得益于种植过程中的标准化管理，"翔择园"牌羊肚菌取得了绿色食品认证。在羊肚菌收益稳定后，为了增加亩收益，赵辰重又发明了具有防风灾保护装置的移动大棚，探索了中药替代化学农药等多项新技术，摸索出"菌瓜轮作"的种植模式，把传统一年种植二茬的作物变为三茬，亩均年效益超2万元。"翔择园"牌羊肚菌提高了收益和抗风险能力，闯出了一条可借鉴、可推广、可持续的高效农业生产之路。

柏乡县现代农业产业示范园区

度过创业初期的不稳定，翔择农业园迎来了稳定增收的好日子。"菌瓜轮作"实现规模化种植，形成了"一院、一站、一厂、四基地"的发展格局。"一院"即全国首个省级羊肚菌产业技术研究院——河北省羊肚菌产业技术研究院，"一站"即河北省羊肚菌产业创新驿站，"一厂"即年供种能力达5000亩的羊肚菌菌种和外营养袋生产厂，"四基地"即柏乡县原种场基地、西汪镇西汪基地、内步乡农业园区基地、固城店镇乡村振兴园区示范基地。

附近的群众以及外地农户看到种植羊肚菌的良好市场前景，都赶来学习。为了降低群众的经营风险，翔择发展起了"基地+农户"的种植模式，种植投入全部由公司支出，以代种代养、认种认养、电商销售等形式，确保参与的农户零风险稳收入，带领更多群众致富。

公司自成立以来，便致力于帮贫扶贫和发展村级集体经济，辐射带动建档立卡2329户，承担壮大集体经济项目，共带动20余个村集体参与，每个村年增收4万元以上。公司建成的羊肚菌产业示范基地、集中培育退役军人创业基地、聚力提升产业扶贫基地、壮大农村集体经济示范基地，均发挥了很好的带动引领作用，社会效益明显。

"脱了军装一样可以为国家做贡献。"谈及当初的选择，赵辰重言语间无不充满了军人的坚毅、自信和激情。

翔择园产品

万客来蔬菜

炎炎夏季,在邢台市南和区万客来蔬菜种植专业合作社的大棚里,黄瓜、番茄、豆角、茄子、甜瓜……刚摘下来的新鲜蔬果立即装箱装车运往邢台市区,一派繁忙的丰收场景与外面的天气一样火热。

邢台市南和区万客来蔬菜种植专业合作社成立于2012年2月,10年来不仅建立起1000亩的高标准自有基地,年产蔬菜达3000吨,还影响带动1100余户农民投入现代化农业生产,辐射周边5个乡镇、25个自然村,蔬菜种植面积达3万亩,人均收入每月增收1000元以上,为当地精准脱贫做出了积极贡献,先后获得国家无公害蔬菜产地、国家级示范合作社、国家级绿色食品认证等20多项荣誉。

合作社的良好发展,与"四化"发展理念有着密不可分的联系。

产业"经营化"。在生产管理上,采用"公司+合作社+基地+农户"的经营方式,采取"六统一"(统一品种、统一管理、统一标准、统一销售、统一认证、统一指导)加强标准园生产管理,合作社高价回收蔬果,每棚能增收1000元左右,提高效益约10%。

万客来产品

生产"数字化"。园区大部分采用了膜下节水灌溉、水肥一体化、测土配方施肥、防虫网、诱杀虫板、生物肥药等绿色生产集成技术，在生产上严格按照国家绿色设施蔬菜标准进行操作管理，产品达到了绿色蔬菜标准，并已取得绿色认证。合作社已建立一套追溯体系档案，每天均按实际数据填写上报。终端客户通过扫描产品上的二维码，产品的整个生产过程即可一目了然。

产品"品牌化"。多年来合作社与中国农业科学院建立了稳定的技术合作关系，开发出10多个粮、菜、果及食用菌有机微生物肥新产品，黄瓜、番茄、西葫芦、辣椒、茄子等是主力品种，并且采用统一包装、统一销售，注册"近心农业"商标，已与多家知名企业签订供货合同，成为河北知名品牌。

销售"服务化"。在电商销售、社区团购兴起后，合作社迅速跟上形势，大力发展社区团购这种新零售模式，通过"线上平台+线下团购+基地配送"模式，社区消费者通过线上平台下单，基地按订单备货发货。消费更加便捷，产品更为新鲜。

以"消费者保障生产者的生活，生产者保障消费者的生命"为理念，合作社坚持让产品"走出去"，把客户"请进来"。不仅要让市民吃到安全优质的产品，还要致力打造静谧舒适的乡村体验。合作社可提供采摘、研学、聚会、亲子活动、健康养生等活动，形成社区支持性农业模式。

万客来产品

馋馋香食品

　　河北馋馋香食品有限公司成立于2021年9月,位于南宫市东经济开发区经二路,总投资8000万元,占地50余亩,建筑面积11000平方米,其中生产车间5200平方米、库房2600平方米、办公楼3200平方米。公司区位优势明显,东临京广、西临青银高速,北靠308国道,西靠106国道,交通运输十分便利,是一家以辣椒制品、调味品研制、开发、生产为主的农副产品深加工食品企业。

　　公司有油辣椒和剁辣椒两个车间,拥有两条全自动生产流水线,主要生产"馋馋香"品牌辣椒酱,包括牛肉丁、香菇牛肉酱、辣子鸡、香辣脆、红油蒜蓉、番茄蒜蓉等16个系列产品。公司通过了ISO 9001国际质量体系认证和HACCP体系认证,后又荣获农业产业化重点龙头企业和河北省科技型中小企业称号。公司市场前景好,销售渠道畅通,主要销往河北、河南、山东、湖南、湖北、广东、陕西等地。根据不同地域口味,精心配制、量身定制辣椒系列产品,以特有的美味调味品和周到的售后服务满足广大消费者的需求。用心做好每一件产品,确保让每一位消费者吃得放心。

馋馋香食品产品海报

04

药香千年
yao xiang qian nian

区域公用品牌

邢台酸枣仁

清河山楂

巨鹿金银花

企业品牌

润玉食品

国金太行中医药

旺泉食品

静心农业

萸玺堂

河北泽禧

满庭芳·静夜思 ／宋·辛弃疾

云母屏开，珍珠帘闭，防风吹散沉香。

离情抑郁，金缕织硫黄。

柏影桂枝交映，从容起、弄水银堂。

连翘首，惊过半夏，凉透薄荷裳。

一钩藤上月，寻常山夜，梦宿沙场。

早已轻粉黛，独活空房。

欲续断弦未得，乌头白、最苦参商。

当归也！茱萸熟，地老菊花黄。

健康是人类永恒的追求,连着千家万户的幸福。中医药学包含着中华民族几千年的健康养生理念及实践经验,是中华文明的一个瑰宝,凝聚了中国人民和中华民族的博大智慧。

中药，是中医药的基础，它讲究的是道地性。道地药材，是优质中药材的代名词，是指经过中医临床长期应用优选出来的，产在特定地域，与其他地区所产的同种中药材相比，品质和疗效更好且质量稳定，是具有较高知名度的中药材。它是源于古代的一项辨别优质中药材质量独具特色的综合标准，也是中药学中控制药材质量的一项独具特色的综合判别标准。

太行山是一座天然的药材宝库,在这条自南而北横穿中国腹心的山脉上,分布着党参、黄芩、苦参、麦冬、柴胡、连翘、酸枣仁等多个道地中药材产区。邢台西部的太行山丘陵地区,是酸枣仁的道地产区,这里所产的酸枣仁,全国闻名,素有"世界枣仁看中国,中国枣仁看邢台"之说。成书于秦汉的《神农本草》中,太行山酸枣仁赫然名列其中。

邢台内丘县,不仅是全国最大的酸枣仁加工集散地,也是扁鹊文化的重要传承地。2000多年前,医祖扁鹊因治赵简子五日不醒之症,获中丘(内丘)4万户封邑,此后60年间,扁鹊一直在此行医授业,邢台的酸枣仁从此得以名扬天下。除酸枣仁之外,这里的王不留行、麦冬、射干、金花葵、紫苏等中药材也是远近闻名。

扁鹊在中国医学史中享有崇高地位,2000多年来一直受到人们的敬仰。他创造的望闻问切四诊术和针灸术至今仍是中医学的精粹,被奉为华夏医祖。内丘扁鹊庙,是中国建筑年代最久、规模最大、保存最为完整的纪念祭祀扁鹊的庙群。据《魏书·地形志》:"中丘前汉属常山,后汉,晋属赵国,晋乱罢。太和二十一年,复有中丘城,伯阳城,鹊山祠。"太和即北魏孝文帝年号,二十一年即公元497年,中丘即今内丘县。从庙内现藏碑

刻来看，宋金时期是内丘扁鹊庙的鼎盛时期。宋仁宗天圣九年(1031年)修其房廊，"光华四出"；宋神宗熙宁二年(1069年)再次修缮后，"重檐密庑，森然如翼，巍然可观"。金代明昌元年(1190年)，内丘县令赵实率众监修，画檐雕梁，"其庙自古以来未有似今完备者"。明清时期，内丘扁鹊庙经多次修缮，均由官方牵头完成。2006年，内丘扁鹊庙作为古建筑，被国务院批准列入第六批全国重点文物保护单位名单，现为国家5A级景区。

在中药材中，有很多属于药食同源，既可以食用也可以药用。山楂就是一味深受欢迎的药材，它具有健胃消食的功效，可用于治疗肉食积滞、腹部胀满，同时山楂化浊降脂的功效，对高脂血症也有较好的调节作用，鲜山楂果常用于消化不良，患有心血管疾病的人群。

邢台清河县，是河北省山楂的特色农产品优势区。清河山楂个大鲜红，入秋之后，"绿滑莎藏径，红连果压枝"，难怪山楂成为很多人儿时的回忆。与山楂的外形相比，或许山楂的滋味更让人难忘，酸中带涩，涩中带甜。"从容岁月带微笑，淡泊人生酸果花。"山楂永远属于民间，因为它的滋味就是生活的滋味。

在邢台源远流长的中药文化中，还有一朵盛开500多年的金银花。金银花是清热解毒的良药，明代中期在邢台巨鹿已经普遍种植。"藤叶蔓条青四季，萦篱绕架绿帷阴。花如双管双双绽，叶似鸳鸯对对寻。肃静雅优无媚态，清馨淡洁性情深。炎天栏荫芳香漫，消暑医方品茗吟。"这首诗词记载于内丘县志的《文苑》部，它记录了生活的本真。

生活的本真，就是欲望的产生和满足，站在产销两个维度看，中药材满足的不仅是人们对于健康的需求，也是药农们增收致富的需要。发展中药材产业，对于实现全面乡村振兴具有重要的战略意义。

邢台市中药材种植面积常年稳定在60万亩以上，在中药材产业的发展规划中，以巨鹿为核心的东部平原中药材产业区，以信都区、内丘县为核心的西部太行山产业带的整体布局已经形成。东部平原产业区主要种植金银花、枸杞等，西部太行山产业带主产酸枣仁、王不留行、决明子等。

为了深挖道地中药材的资源优势,邢台市将大力发展功能性食品产业。一是建立邢台市特色资源开发与利用研究中心,重点针对酸枣仁、金银花等特色优势资源,研发一批可直接落地的科技成果,进行产业化推广应用。二是依托酸枣仁、金银花、枸杞等特色资源,结合食药同源原料,开发一批功能性食品,扶持一批有潜力的企业,形成功能性食品产业集聚区。

坚守道地品质,加大研发力度,借助现代科技的力量,不断延伸和做强产业链,既是在守正中创新,也是在创新中守正,如此才能为人类健康带来更多的福祉,才能更好地实现药农们增收致富的愿望。

这是一条现代化的产业发展之路,也是一条乡村振兴之路,这条路在邢台会越走越宽广。

邢台酸枣仁

区｜域｜公｜用｜品｜牌

邢台酸枣仁
本草上品。『鹊』实道地

旅兴·其三十六／明·刘基

吾观穹壤间，万变皆有穷。
何如顺天道，原始以知终。
清晨揽衣起，絺绤生秋风。
雍雍鸣雁来，灼灼酸枣红。
怅焉念所思，悲感集子衷。
佳期在何许，瑶草成枯蓬。
仁立望日月，劳心极忡忡。

　　邢襄之西，太行山麓，被誉为酸枣的故乡。

　　邢襄，是邢台的别称，古称邢州、顺德府，地处河北南部，拥有3500余年建城史，是中国最早的古都之一，有"五朝古都、十朝雄郡"之称。

　　千年文脉，悠悠太行。太行山作为邢台的"脊梁"撑起了一座城市的气韵，也孕育出了无数山珍异宝，酸枣仁就是其中一宝，属道地药材。享有"顺德府枣仁最佳"之美誉。民国陈仁山《药物出产辨》记载："（酸枣仁）产直隶顺德府、山东济宁府，其产于邢台者最为悠久，奉为道地，称邢枣仁。"

这里的酸枣颗大粒圆，紫红如玉，酸甜适口；枣仁色泽好、杂质少、药效高，是枣仁中的上上佳品，也是驰名中外的名贵药材。

上古时期，神农氏为普济众生，遍尝百草，品其味，辨其性。酸枣仁药用即源于此。春秋时期，神医扁鹊以邢台酸枣仁入药，以解赵简子之症。由此得封中丘蓬鹊山食邑田地4万亩，邢台酸枣仁也得以名扬天下，传承至今。秦汉时期《神农本草经》记载："补中益肝，坚筋骨，助阳气，皆酸枣仁之功也。"太行腹地所采的酸枣仁，位列上品第二十三位。明代时期《本草纲目》记载："枣仁熟用胆虚不得眠， 烦渴虚汗之症；生用疗胆热好眠，皆是厥阴少阳药也。"

邢台西部的太行丘陵地带，土壤多为沙壤质褐土，年平均气温11~13℃，晚秋昼夜温差较大，有利于酸枣风味和色泽的形象，降水量适宜，冬季无冻害。得益于这里特有的雨露滋养和太行山丘陵地带特殊的地质地貌，邢台成了全国酸枣资源保存最好、面积最大、产量最高的区域，更赢得"邢台酸枣甲天下"的美誉。邢台市拥有酸枣资源60余万亩，适生面积约500万亩，一条涵盖沙河、信都、内丘、临城4个市（县、区）、26个乡镇、296个村的"邢台太行百里酸枣产业带"绵延80公里，总面积近100万亩。在这片区域内，酸枣树胸围50厘米以上的大树共2115棵，其中信都区皇寺镇温暖河村村东的酸枣树王树龄约1200年。

品种是品质的源头。邢台在当地传统酸枣品种的基础上，积极与科研院校、企业建立合作、协作关系，加大科技投入，不断培育新品种。目前，酸枣审定或认定16个品种，包括邢酸系列6个、邢州系列4个、太行系列3个、久和系列2个、静心1个。酸枣适生区域为邢台市太行山东麓地区以及生态条件类似地区，分早中晚熟，以高出仁率品种为主。这些品种抗病力强、丰产、管理简单，大大提高了种植效率。目前，全市现有酸枣育苗基地7个，总面积2235亩，年总出苗量3078.5万株。

凭借着道地品质，邢台酸枣仁不仅占领了国内的药材市场，而且还出口韩国、日本及东南亚等国家和地区，收获荣誉无数。2016年，邢台酸枣仁被评为"河北省十大名优道地中药材品种"；2020年，邢台酸枣被评为中国特色农产品优势区；2021年，被评为省级农产品区域公用品牌，邢台酸枣被列为国家中药材产业集群重点建设品种。

邢台酸枣仁加工技艺历史悠久，明清时期即已闻名。500多年前，邢台内丘县柳林镇小杨庄村一带的村民便开始用石头碾子、荆条编制的筛子加工酸枣仁，逐渐探索出一套独特的加工手艺。

一脱，即给酸枣脱皮，只剩枣核，当

采摘 cai zhai

晾晒 liang shai

邢台酸枣基地

地俗称"串酸枣",即先将酸枣用石碾压开口,晾晒以备去皮。去皮对气候条件的要求十分苛刻,必须在冬天空气最寒冷、最干燥,当地农民称为"焦"的时辰才可做工。"焦"的程度要求极严,提前一个小时正好,过一个小时就不行。"焦"时多发生在夜间或早晨,以用脚一踩酸枣掉渣为好,这时用石碾碾轧,筛掉皮渣,即成"枣核"。柳林人继承祖传工艺,枣皮脱得既快又净,枣核光亮,不带渣儿。

二粉,所谓粉,即将枣核粉碎,取出枣仁。将核壳破碎,酸枣仁颗粒大了枣仁取不出来,颗粒小了会将枣仁损伤。柳林人不论是过去石碾粉碎,还是如今用粉碎机,取出的酸枣仁表面都完好无损,红灿光亮。

炒制 chao zhi

碾压 nian ya

筛选 shai xuan

邢台酸枣仁品牌插画

三筛，就是筛选枣仁，这是最难的一道工序。粉碎好的枣核枣仁混合在一起，不能用水沉淀分开，枣仁见水就会产生皱纹，晒干后，那层光亮皮就脱落了。把大小一般的壳与枣仁分开要通过三道用荆条编制的特制漏筛，没有经过特别训练的人，一端筛子，壳儿、仁儿一齐筛下。筛枣仁全凭心劲、手劲、巧劲。

四晒，即晒枣仁，这也是一道难关。如果光晒不好，就会影响枣仁质量，为保持枣仁的自然水分，柳林人不晒枣仁，而是先晒枣核，晒枣核不损害枣仁的光洁度。他们凭着多年的经验，抓起一把枣核，晃一晃，听一听，枣仁在枣核内转动的声音，便可知道枣仁所含的水分，也可通过砸开枣核，用指甲掐一掐，用牙咬一咬枣仁，知道其所含水分多少。

凭借对传统技艺的娴熟操练，邢台不断探索创新，研发高效高质的机械化加工技艺及设备，开创了现代机械枣仁加工的先河。邢台也因此成为全国最大的酸枣仁生产加工地，销售集散地，加工总量占全国70%以上。

全市年加工酸枣20万吨，年加工枣仁约5000吨，酸枣产业总产值20亿元，加工量占全国市场份额的70%以上，形成了全国最大的酸枣仁加工与销售集散地。邢台市开发了酸枣汁、枣叶茶、酸枣面、酸枣啤酒、枣仁安神口服液、酸枣果醋、酸枣酵素、酸枣仁复合颗粒、酸枣仁酒等一系列酸枣产品。

邢台酸枣仁产品

邢台酸枣仁产业经过历代传承，已建立从育苗、接穗、种植、加工到产品研发、生产、销售等全产业链条，拥有从业企业69家，从业农户2.34万户。

无论是恪守传统的昨天，还是科技进步的今天，随着我国中医药产业、大健康产业的快速发展以及"健康中国"的国家战略，中药材产业迎来了天时、地利、人和的大好发展时机和难得的历史机遇。邢台酸枣仁道地优势突出，产业基础雄厚，这一颗酸枣仁必将红透世界。

清河山楂

清河山楂

QING HE SHAN ZHA

清河山楂自然红

山楂树 / 李朋

四月白花枝上绽，
含羞弄韵叶丛边。
溢香浅淡淌娇影，
开蕊清纯织丽篇。

　　每年4月，是山楂花盛开的时节，清河马屯乡的万亩山楂花，在和风暖阳下竞相绽放。空气中弥漫着山楂花淡淡的清香，游客纷至沓来。

　　美好的事物总有一个让人心动的故事。

　　相传古代有位名叫石榴的女子，美貌动人，她与一个名叫白荆的男子相恋了。但是后来皇帝得知石榴的美貌，想要纳石榴为妃，石榴宁死不从，欺骗皇帝要为自己的母亲守孝一百天。后来石榴偷偷地溜走去找自己的情郎，但得知白荆已死，石榴悲伤地化作了一棵树，"来年结出鲜红的小果。人们称之为石榴。皇帝听闻，下令砍树，并禁止称呼石榴，改叫山渣——山中渣滓的意思。而后来，人们喜欢为爱而去的石榴，便称"山楂"。"

　　山楂是深受百姓欢迎的传统果树，数千年前我国就将其栽培，特别是在医疗水平低下、缺医少药的时候，山楂起到了重要作用。在古代文献《诗经》《齐民要术》《农桑辑要》中都有关于山楂栽培管理和品种资源的记载。李时珍的《本草纲目》中对山楂的医疗保健作用更有较为详细的记载。

　　清河县，也是一个有故事的地方，这里不仅是张姓的发源地，水浒打虎英雄武松的故乡，还是中国山楂之乡，是目前国内平原地区较大的山楂产地之一，年产山楂达8万余吨。

清河县，位于河北省东南部黑龙港流域的冲积平原，地质多为粉砂黏性土壤，土层深厚、疏松肥沃，是种植山楂的绝佳之地。据记载，从汉代开始，清河县就开始种植山楂，一直传承至今。清河山楂色泽艳丽、口感绵软、酸甜适口，山楂果肉甘甜沙软，果皮光鲜圆润，可以增强食欲、改善睡眠质量，有消食健脾、行气止痛、活血化瘀、化浊降脂、保护心脏、抗癌、杀菌消炎等功效。

清河戈仙庄镇马屯一带地处黄河故道，"一座座沙丘紧相连，风起黄沙满天卷……"昔日流传的这首歌谣，道出了这里生态环境的恶劣。居住在这里的百姓人均耕地不足一亩，除此之外，还有2.5万亩的沙荒地。这方百姓种庄稼最怕的就是春秋两季的风。一遇大风，不但户户黄沙围门，而且屋内到处都蒙上一层厚厚的沙尘。马屯人曾自嘲地说："居住在这里一辈子吃进肚里的沙土能堆成一个丘……"

20世纪80年代中期，当时的清河马屯乡领导多次南下北上寻求治沙良方，并请来专家"把脉"，最后决定种植防风林带，通过种植山楂树，防风固沙走致富路。这一种就是40年，如今，在清河县马屯一带，建起了闻名全国的万亩无公害山楂园。几十年来，他们先后栽种适宜沙地生长的山楂树100多万棵，如今已有上万亩进入了盛果期，不但固住了两万亩随风漂移的黄沙，每到秋季，翠绿的叶子，透红的果实，还给田园带来了如诗如画的风光。昔日的荒原变成了今天冀南平原最绿最美的地方之一。

忆往昔，峥嵘岁月稠。清河的山楂种植之路并非一帆风顺。当年马屯山楂林进入盛果期后，多数农民不了解山楂树的管理技术，让果树随意生长，致使果子越结越小，产量也越来越低。面对一部分农民对山楂林的失望，清河县葛仙庄镇政府及时寻求对策。恰在这时，毕业于河北农业大学的高俊英来找镇领导，把成立山楂合作社的想法端了出来，这使镇领导眼前一亮。几经筹措，2009年春天，清河县马屯红果种植专业合作社挂牌成立。

合作社成立后的第一件事就是规范技术标准，开展统一技术培训，持证经营，包装监制，申请地理标志证明商标，制定商标使用管理规则，在全县推广"统一品牌、统一标准、统一包装、统一经营、统一宣传、统一监管"的"六统一"管理模式，推动全县山楂地标品牌规范用、用到位。地理标志商标成为促进农村经济发展、农民精准脱贫的助推器。建立"龙头企业+协会+合作社+农户（贫困户）+地理标志"模式，借助龙头企业的影响，引导企业、协会和农户搭建一体化发展平台，扩大特色农产品规模化、标准化、品牌化发展。

清河县马屯红果种植专业合作社是龙头企业，合作社坚持走农业产业化的发展之路，以合作社为龙头，以品牌战略为导向，积极搭建农业产业化经营平台，从而保证山楂加工和流通的增值。为加强宣传普及，当地向有关部门、行业协会和有关乡镇进行针对性宣传，普及地理标志知识，印刷宣传资料，形象地解读地理标志商标如何促进产业发展、农民脱

清河山楂产品

清河山楂产品

贫增收,发挥示范效应。打响"走出去"战略,在媒体宣传、网站传播、展会推介、文化节庆等形式的基础上,清河山楂参加上海国际农产品博览会、中国(廊坊)农产品交易会等,促使地标产品在更广阔的舞台提升曝光率。举办山楂花节和山楂采摘节对地标产品进行宣传,进一步树立清河山楂地标品牌形象。

近年来,清河县依托万亩山楂观光旅游区和美丽乡村建设成果,大力发展马屯山楂种植产业,形成了一产卖鲜果、二产卖制品、三产卖风景,一二三产业融合发展的新型农业模式,并开展起了山楂片、山楂果脯、山楂糕、山楂酒等深加工项目,实现了鲜果多生产、产品精加工、旅游大发展的良好局面。

四月芳菲,来到清河,端坐在山楂花树下,听一曲古韵悠悠,喝一杯清甜的山楂茶,是这个春天最美的事情了。望着明媚春光中一树一树的山楂花儿开,默默地期待红艳艳的山楂果挂满枝头。到那时,清河的万亩山楂林又是另一番丰收的景象。

· JU LU HONEYSUCKLE ·

首夏田家雨中

元·吕诚

细雨朝来湿白沙，风前整整复斜斜。

林蕉间展琉璃叶，野蔓竞发金银花。

田父扶犁驱一犊，稚女踏车垂两丫。

年年梅熟愁蒸暑，却爱小池鸣乱蛙。

　　"金银花"的名字出自《本草纲目》，三月开花，五出（指的是一年开五次花），微香，蒂带红色，花初开则色白，经一二日则色黄，故名"金银花"。又因为一蒂二花，两条花蕊探在外，成双成对，形影不离，状如雄雌相伴，又似鸳鸯对舞，故有"鸳鸯藤"之称。

　　我们熟知金银花是因为它的药用价值，尤其头茬花药用价值极高。金银花自古被誉为清热解毒的良药，以花蕾或初开的花入药，性寒，味甘，入肺、心、胃经，具有清热解毒、抗炎、补虚疗风的功效，主治胀满下疾、温病发热，热毒痈疡和肿瘤等症。

　　每年的5—9月，河北省邢台市巨鹿县13万亩的金银花陆续进入采摘期，金银花树绿意葱茏，蔓延成海，竞相绽放，空气中弥漫着金银花淡淡的清香，家家户户忙着采收、晾晒、烘干，一派丰收忙碌的景象。

　　河北巨鹿，秦代为三十六郡之一，历史上著名的巨鹿之战、黄巾起义都发生在这里。自古以来巨鹿县便有三宝——串枝红杏、枸杞和金银花。据清光绪版《巨鹿县志》记载，金银花为中药材种植之首，自明代就有栽培，迄今已有400多年历史。巨鹿县自1973年开始大面积种植金银花，"非典"后巨鹿金银花得到长足发展。

　　金银花在巨鹿有一个传说。据说黄巾起义领袖巨鹿人张角懂医术，他经常去田野中采摘金银花给人治病。在采药的过程中，他遇一位老仙，得赠奇书《太平要术》。道法大成后，张角带着两个弟弟张宝、张梁，施符送水，继续用金银花等草药为人治病，自称"大贤良师"。由此名望日增，广招徒众。

　　一方水土种一方花。巨鹿金银花能够"盛开"也得益于优越的自然环境。巨鹿是传统的北方农业大县，属国家级生态示范县，地处河北省南部黑龙港流域，是古黄河、漳河冲积平原，气候四季分明，光照充足，土壤以沙壤质、弱碱性为主，非常适宜金银花的种植与生产。生活在这片土地上的巨鹿人，有着不屈的坚韧性格和向往美好生活的强烈愿望。

巨鹿县全县推广种植金银花起源于一则故事。1973年,县委书记郭秀堂感冒,医生给他开了三剂中药,其中一味药材就是金银花。当时该药材全国紧缺,全县各医院均找不到此药。为此,县医药公司特派解凤岭到邢台地区(今邢台市)药材公司求购,但地区药材公司也只有半斤库存,虽经再三恳求,也只给了三副的药量。此事引起了县药材公司种植金银花的强烈愿望。于是派解凤岭、李西保去山东平邑亲自考察种植金银花技术,并购回200棵枝条,分种在纪家寨、苏屯等村。初种时金银花品种差、产量低,只在春季开花,采摘费时费力,不少人放弃了。为提高巨鹿县种植金银花的技术水平,谢凤岭不辞辛劳潜心研究,他结合外地种植品种反复试验,最终培育出花形粗大的优质高产品种。陆续发展到纪家寨、付庄、厦头、南刘庄等村种植金银花,后又扩展到巨鹿镇、堤村乡、张王疃乡等乡镇。解凤岭逐步总结了一套完整的金银花种管加工技术,成为了金银花的种植行家。

1998年,巨鹿县委、县政府出台了《关于大力发展金银花产业的意见》,把金银花产业作为调整农业结构、促进农民增收的主导产业,并进行重点扶持,使金银花种植在全县迅速普及。2003年,全国"非典"流行,中国工程院院士钟南山推出治疗"非典"中药方剂,金银花被列在首位。市场需求迅速增加,市场价格大幅攀升,农户种植积极性空前高涨,全县金银花种植面积迅速扩大。2004年3月,巨鹿县被河北省农业厅授予"河北金银花之乡"的荣誉称号。2007年,巨鹿县政府为提高金银花产业组织化程度,积极争取农业资金结合项目,大力推广新型烘干技术,扶持金银花种植、销售专业合作组织,实现了一家一户生产与市场的有效对接。2009年,金银花种植面积和产量已跃居全国三大主产区之首,畅销国内各大中药材市场。

目前,巨鹿金银花种植面积达13万亩,年产优质干花1.4万吨,产量占全国60%,总产值超过20亿元,位居全国第一,是我国最大的金银花种植区和集散地,也是我国最大的金银花道地药材主产区,还是加多宝、以岭药业等金银花中药材重点需求企业的供应基地。

巨鹿金银花经过专业技术人员的栽培、提纯、复壮,其独有的经济价值和药用价值自成一派,被命名为"巨花一号",具有叶片大、叶毛多而长、色浓绿、徒长枝少、植株直立、花枝粗壮、花蕾紧凑、现蕾早且时间长、干花产量高、抗病力强、药用成分含量高等特点。目前,金银花已鉴别出化学成分60多种,主要有挥发油、有机酸、皂苷、黄酮类和无机元素成分，其中绿原酸含量达4%，木柳草酸含量达1.5%，均超过国家入药标准，有效成分高居全国之首，是上成的中药材。

每年5月中旬到9月，是巨鹿县花农最繁忙的日子，在这3个多月里，"夏季第一花"金银花开4茬，其中头茬花产量最多、品质最好。

金银花除加工制成中成药和针剂，供临床使用外，更广泛的用途是泡茶，或许这才是巨鹿金银花的本来面目。在民国野史《清稗类钞》中，记录了巨鹿金银花作为茶饮的例子，"花有黄白故名金银花，从前间有之，不过采以代茶，至嘉庆初，商旅贩往他处……不数年山角水湄栽植几遍。"

近年来，巨鹿县坚持按照"基地建设+一二三产业融合发展"的模式，推动农业发展，做强做大全产业链条。目前，全县成功引进和培育了一批金银花深加工龙头企业，年加工金银花1000吨，开发出金银花茶、金银花水、金银花饮品、金银花护肤品等30多种产品。

小小金银花"种出"大产业。未来，巨鹿县将继续立足县域资源特色，深入推进农业供给侧结构性改革，将金银花产业作为强县富民的支柱产业，并全力打造以金银花为主题的生态文化旅游业和大健康产业，在新希望中孕育新"钱"景。

巨鹿金银花产品

巨鹿金银花采摘

企\业\品\牌

润玉食品

邢台润玉食品有限公司成立于2014年5月,公司位于河北内丘工业园区食品园,项目总投资1.2亿元,占地40亩,现有员工126人,其中专业技术人员22人。公司拥有"中丘红玉""酸枣红了"等14个注册商标,是一家涵盖酸枣品种选育和基地种植,酸枣仁、酸枣饮料、酸枣仁膏加工销售的酸枣全产业链开发企业。

公司2018年被河北省科技厅认定为"科技型中小企业",2019年企业通过"危害分析与关键控制点(HACCP)"体系认证,中国老字号文化研究中心授予公司"燕赵老字号"称号。

2021年,公司将"酸枣露制作技艺"纳入"邢台市市级非物质文化遗产"项目名录,野生酸枣汁被中国绿色食品发展中心认定为"绿色食品"。2022年,润玉食品被邢台市人民政府评为重点龙头企业,2022年底被河北省工业和信息化厅认定为创新型中小企业,同时公司的"酸枣红了""中丘红玉"入选省名优农产品企业品牌。

公司采用"公司+合作社+农户"的模式,与内丘县6个合作社、327家农户合作,建设酸枣品种选育和种植基地12600亩,保证了优质原料的供应。

邢台润玉食品有限公司及荣誉

　　公司生产车间面积16000平方米,拥有先进的酸枣仁和酸枣饮料全自动生产线,配备完善的检验检测设备,采用传统古法和现代科技相结合的加工工艺,所产酸枣汁色泽怡人、香气浓郁、风味独特。

　　公司的酸枣系列产品,采用线上和线下相结合的立体销售模式。线下专卖店覆盖北京、河北、山西、河南、陕西等18个省份,线上有淘宝企业店和抖音旗舰店,产品销往全国各地。

　　产品主要分酸枣膏类和酸枣汁类。酸枣膏类有酸枣仁膏和酸枣本草膏,酸枣汁类有野生酸枣露、不添加蔗糖酸枣汁、蜂蜜酸枣汁、野生酸枣汁口杯、金牌酸枣汁、铝箔纸装酸枣汁等。

　　润玉食品始终恪守"以质量求生存、以诚信求发展"的经营理念,为消费者提供优质的酸枣系列产品。

邢台润玉食品有限公司产品

企\业\品\牌

国金太行中医药

河北国金太行中医药有限责任公司成立于2019年5月，位于自然风景秀丽的邢台市信都区，总占地面积125亩，是河北国金药业有限责任公司的子公司。公司于2022年通过GMP符合性检查，取得药品生产许可证，实现了邢台道地药材酸枣仁等品种的产地饮片生产。

国金药业历经50年的拼搏与发展，现已成为集研发、生产、销售为一体的综合性制药企业。公司2004年至今连续5次通过国家GMP认证；2008年至今连续4次被认定为国家高新技术企业；2009年"国金"商标被河北省工商局评为河北省著名商标，同年12月通过中国质量认证中心ISO 9001国际质量管理体系认证；2010年起连续3次被河北省诚信企业评选委员会评为河北省诚信企业；2012年起跻身工信部中药企业排名百强企业；2015年被邢台市科技局认定为中药提取及精制工艺研究技术中心、科技企业研发中心；2017年被河北工信厅认定为河北省工业企业研发机构A级；2016年在邢台实体企业纳税排第40名；2017年进入邢台市战略性新兴产业"双三十强"；2017年12月被邢台市科技局授予"企业技术中心"。公司销售网络遍及全国29个省份，是华北地区乃至全国有着重要影响力的制药企业。

河北国金太行中医药有限责任公司

国金药业产品

"国金太行，守护大众健康。"公司依托国金药业雄厚的资金和技术实力，致力于以酸枣仁为龙头，囊括柴胡、黄芩、金银花、丹参、天花粉等众多太行山道地中药材的种植、初加工及饮片开发。公司所承担的酸枣仁等中药材种植、初加工及饮片加工产品开发项目先后被列为省重点项目、省农业产业化重点项目。公司具备完整的酸枣仁生产线，满负荷可达到年产1000吨酸枣仁生产规模。同时，公司与河北省农业科学院、河北中医药大学等科研院所积极合作，引进专利技术、专利产品，共同开发功能性食品市场，尤其是以酸枣仁为主要原料的"吉卯"（浓缩型）酸枣仁提取液，作为专利产品，市场反馈极佳。"酸枣叶"食品安全地方标准的立项工作也在持续推进中。

公司通过对酸枣仁、金银花等众多太行山道地药材的深度开发，遵从古人"治未病"的养生思想，从食疗入手，以食之味，取药材之性，达养生之功，寓医于食，精准投放市场，守护大众健康，形成药材种植与饮片加工、功能性特膳食品、中药创新药3个层次的产品布局。

中药饮片。国金太行立足于邢台道地药材资源，以酸枣仁、金银花为龙头，重点打造柴胡、黄芩、连翘等太行山道地药材饮片品种，现具备192个饮片品种。

大健康产品。以酸枣为核心原料，逐步开发出"吉卯"系列酸枣产品，代表性产品有酸枣壳保健枕、酸枣芽茶、酸枣仁提取液等。

公司确立了以守护大众健康为己任，绿色、安全、有效、可靠的发展战略，重视培养、引进高端人才，规范化生产，诚信经营。通过不断的观念创新、产品创新、机制创新，不断实现技术现代化、生产自动化、服务规范化，积极打造现代中药先锋企业，向大健康产业领军企业进军，为大众健康保驾护航。

旺泉食品

金银花开出"金银"来。近年来,巨鹿县围绕金银花、枸杞和杏三大农产品,打出政策扶持、科技引领、品牌提升的组合拳,重点发展深加工。河北旺泉食品则是在此背景下发展起来的代表企业。

旺泉食品于2017年10月在邢台巨鹿正式成立,投入资金3000万元,是以生产枸杞、金银花、串枝红杏等农产品深加工制品以及果蔬、植物饮料、植物矿泉水为主的饮品类食品企业,其主导产品有"杞动人生"枸杞复合果蔬汁饮料,"三生有杏"果汁饮料,"金银花开"银花植物饮料以及"金银花水"植物饮料等。其中,金银花植物饮用水是公司的主打产品,它由纯净水和金银花提取液按一定比例制成,无任何添加剂。旺泉食品因此荣获中国国际有机食品展览会"有机食品金奖"荣誉称号。

依托原材料、设备及科技技术等优势,旺泉食品得以迅速发展。在原材料方面,公司生产的枸杞、金银花、串枝红杏等饮品依托的原材料都是巨鹿县地标性农产品。枸杞自古以来被视为强肾、保肝、润肺、补血、明目、延年、美容之最佳滋补果品,金银花被国家定位清热解毒的首选名贵中药材,鲜杏被现代医学研究证明含有丰富的维生素B17是大自然赋予人类的天然的抗癌物质。正是这些优质原材料奠定了产品的品质。

金银花采摘

　　在设备方面,旺泉食品使用的是国内先进的全自动封闭无菌灌装流水生产线。功能齐全的生产车间能达到百万级空气净化标准,生产工艺用水全部经过二级反渗透处理。

　　在科学技术方面,公司同国内大批养生食品研发人才共同进行研究开发,将传统工艺与现代技术完美结合,以精湛的工艺做到产品100%原汁原味。这些优势的完美结合,使旺泉食品将巨鹿县的优质农产品转化成了富含营养价值的优质饮品,并取得了明显的经济效益和社会效益。

旺泉食品产品

静心农业

　　河北静心农业科技开发有限公司有多年的酸枣种植、繁育及嫁接技术和经验。酸枣繁育基地位于邢台市信都区会宁镇西南庄村。截至2023年，公司拥有静心2号酸枣审定品种1个，邢州10号、邢州18号酸枣审定品种2个，建有酸枣繁育基地500亩，其中育苗基地150余亩，种质资源圃、采穗圃350亩，年产酸枣苗木100余万株，优质品种酸枣接穗200万个。

　　静心公司与邢台市农业科学研究院、邢台学院生物科学与工程学院、邢台市中药材试验站、邢台市信都区技术推广站、河北省农林科学院药用植物研究所、河北省中药材学会、河北省中医药大学、河北省中医药科学院、内蒙古自治区林业科学研究院等单位建立了合作关系，并开展了酸枣种质资源调查、品种选育、温室育苗、容器育苗、常规育苗、栽培技术等多项试验和研究，为邢台酸枣良繁体系建设提供技术储备。

　　公司通过加强与大专院校、科研单位的合作，提升等级，滚动发展，争取建成涵盖苗木繁育、品种对比、采穗、标准化示范种植等多种功能基地，稳定提供优质酸枣苗木150万株，优良接穗300万株，为邢台酸枣产业发展做出自己的贡献。

荧玺堂

　　河北荧玺堂中药材电子商务有限公司成立于2021年2月5日,位于环境优美交通便利的河北省邢台市信都区,公司坚持以"让客户满意,为客户赢利"为服务宗旨,以中药材批发、食品的网上销售等为主,主要从事邢台酸枣系列产品的线上及线下销售。

　　公司拥有完整的、专业的运营推广团队与众多邢台酸枣企业合作的经验,已为多家企业及基地带来订单和经济利益。合作厂家有邢台润玉食品有限公司、邢台乐岛湖畔家庭农场、河北久赢生态农业有限公司、河北静心农业科技开发有限公司、河北乡百味农产品有限公司等。

荧玺堂中药材产品

　　公司经营的产品有酸枣系列产品,如酸枣叶茶、酸枣汁、酸枣仁、酸枣仁膏、酸枣面、酸枣蜜、酸枣核手工锤及酸枣核艾草枕等,并不断研发新产品,为邢台的特色农副产品、民俗文化产品、旅游产品等贡献自己的力量,力争做邢台酸枣产品的先锋企业。

药香千年

蒇玺

163

河北泽禧

河北泽禧生物科技有限公司把"以科技和生态让食品更安全"作为企业使命,秉承"生活更健康 世界更美好"的企业理念,传承中医养生文化,以生物发酵、生物酶等技术研发、生产功能性食品,不断提升农产品品质及功能。10余年来,公司致力打造生态农业产业链,建设生态农业、功能性食品、生物技术研发的产业链融合。目前,公司的循环农业、有机肥、生物技术精深加工的生态产业链已实现闭环运行。

河北泽禧产品以养生醋和功能酵素等功能食品为主,包括道地酸枣仁系列、生欢喜发酵膏、简美酵饮、桑葚饮料、桑葚酵饮、保参欣酵饮、甘欣酵饮、阿尔法酵饮、珍醯酸枣醋、珍醯金针菇醋、珍醯木耳醋、珍醯灵芝醋等10余种产品。

河北泽禧产品

一品针对一个特定功能，一品一组方；益生菌发酵，生物酶萃取。每一款产品都是生态产业链的结晶，是从田间到舌尖的健康。

一品一组方，药食同源。以中医理论为指导，以现代人的生活方式、体质为基础，采用药食同源的原材料，根据产品的功能性组方，发挥原材料的协同效应。

产品采用生物菌定向发酵、生物酶解等技术，对中医组方进行生物酵解，能够功效提升4~28倍，高效提取、分解，充分发挥功能性。

公司与韩国食素材发酵研究所在台湾的健保中心合作，以生物发酵和古法发酵相结合的方式，采用地下窖藏法进行一年以上的后发酵，持续定向慢发酵会产生足量的活性代谢物，在原组方功能性的基础上叠加多酶、多肽、氨基酸等对健康有益的微量元素。

河北泽禧在不断提高公司研发能力的同时，持续加大对国内外新技术、新成果的引进力度，做好新技术的试验示范和消化吸收以及新成果的推广，确保公司在同行业中处于领先地位。

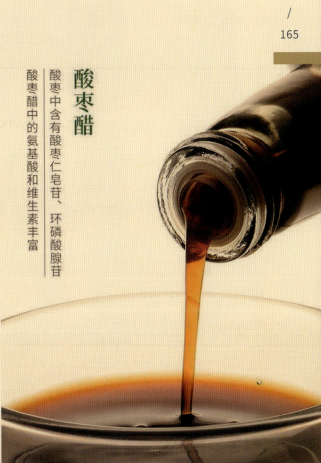

酸枣醋

酸枣中含有酸枣仁皂苷、环磷酸腺苷

酸枣醋中的氨基酸和维生素丰富

好醋有好源

05

果中上品
guo zhong shang pin

区域公用品牌

内丘苹果

威梨

平乡桃

威县葡萄

浆水苹果

临城核桃

邢台贡梨

新河大枣

沙河板栗

宁晋沙地梨

企业品牌

北程梨

绿岭核桃

绿蕾科技

馋房板栗

河北季澳食品

过华清宫 / 唐·杜牧

长安回望绣成堆，
山顶千门次第开。
一骑红尘妃子笑，
无人知是荔枝来。

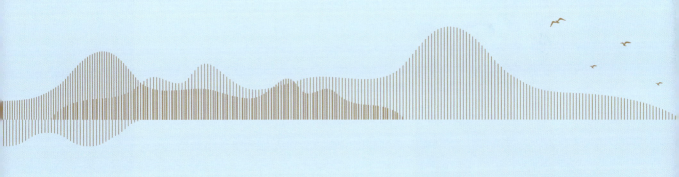

一骑红尘妃子笑，无人知是荔枝来。

上好的果品，确实可以博人一笑。其实不只是荔枝，还有苹果、梨、桃、葡萄等，水果的香甜都会让人们身心愉悦。科学研究发现，吃糖可以刺激脑部分泌多巴胺，这种化学物质会让人感到快乐和满足，所以甜食能够增加人的幸福感是有科学依据的。

穿行于1.24万平方公里的邢襄大地，你可以随时随地体验到这样的"幸福感"，而最具代表性的当属内丘的苹果、威县的梨、临城的核桃以及平乡的大红桃。

太行山不仅是一座中药材的宝库，也是一个天然的大果园。内丘的富岗苹果、沙河板栗都藏在这里。太行山凉爽的气候，让各类害虫很难存活，而较大的昼夜温差更利于水果糖分的储存。土层之下的砂石，为果树提供了丰富的矿物质；甘甜的山泉水，也让果树得以净化。一枚上等果品所必需的口感和营养就此形成——苹果的脆甜以及板栗的甜糯皆由此来。

在太行山，最让人惊讶的，其实是板栗。

说起板栗，世人都知道燕山板栗好，岂不知太行板栗也毫不逊色，无论口感、营养均可与燕山板栗媲美。这一点客商们最是懂的，虽然名气不及燕山板栗，但太行板栗的收购行情却从不逊色。

板栗，是太行山的原生树种，这是大自然的选择。这里的气候十分适宜板栗树的生长，果实又深受人们喜欢，这才让板栗树在人类改造自然的过程中，得以保留并被推广栽种，从而太行板栗不断发展壮大。

如果说板栗是太行山的自然选择，那么苹果则是主动选择了太行山。太行山的苹果之所以能扬名四海，其实是因为富岗——一家位于内丘县岗底村，集种苗繁育、鲜果生产及深加工于一体的现代化农业企业。太行山苹果的栽种历史其实并不短，按历史记载，可追溯至明崇祯年间。解放后，为了提升品质，岗底村曾多次从外地引进新品种苹果进行改良，可以说创新的脚步从未停歇。但是直到一个人的到来，才让富岗彻底实现了华丽转身，一枚普通的苹果一跃成为果中上品，并成为2008年的北京奥运会水果。

太行山板栗

这个人，就是太行山上的新愚公李保国教授。他三十五年如一日扎根在太行山，先后培育了"全球生态环境建设五百佳"提名奖典型——信都区前南峪村；全国科教兴村先进典型——内丘县岗底村和全国农业标准化示范基地——河北绿岭果业有限公司。

绿岭核桃，是李保国教授在太行山的另一杰作。通过品种改良，将普通核桃变身纸皮核桃，是绿岭成功的密码。从此，绿岭一往无前，逐步成长为一家集核桃育苗、种植、深加工和休闲采摘于一体的现代化农业企业，其产品畅销全国。

带着太行山所赐的"幸福感"，我们一路向东漫游大平原。

第一站，你可以选择在平乡停驻。每年7月15日前后，是平乡大红桃的采摘季节，这种颜色鲜红、肉质细腻、口感脆甜的果子，刚刚成熟便被抢购一空。其间也就十几天的光景，若再想吃到这么鲜美的桃子，只能等来年了。

威县，你一定不能错过这里的威梨，不仅好吃，还很有故事。威县梨生产区域主要分布在老沙河、西沙河沿岸，属古黄河、古漳河长期泛滥淤积而成的冲积平原，土层深厚，土壤为沙性土壤，土壤毛管作用强，pH在7.8～8.7，有机质含量在0.93%以上，而且土壤中有效钾、有效铜、有效铁、有效锰等元素丰富，具有种植梨树的天然优势。这里的沙性土壤，疏松透气，而且昼夜温差大，促进了梨含糖量的转化，形成了威县梨生长的自然条件。

在威县，你非常有必要品尝一下它的秋月梨和新梨七号，无论口感还是营养成分，都是当之无愧的梨中上品。威县梨种植历史悠久，但威县梨的成名，却是源于它的创新——引入新品种

平乡大红桃

和新栽培模式，推进产业化和品牌化经营，不仅实现果实口感与营养的双提升，市场也得以快速拓展，威县梨开辟出了一条生态与经济双赢的产业化之路、一条农民的增收致富路和威县人民的"梨想"之路。

沿着"梨想"之路继续探寻，接下来的宁晋鸭梨、广宗葡萄、新河大枣也同样值得一探究竟。

在邢台市的水果产业布局中，除了重点培育的苹果、梨、葡萄等特色高端水果外，更有其他各色果品点缀其中，如红杏、樱桃、桑葚、火龙果、草莓、山楂、哈密瓜、软枣猕猴桃，还有高寒地区才有的榛子等。美丽邢台，真的是一个色彩缤纷的大果园。

富岗苹果果园

内丘苹果

NEI QIU PING GUO

苹叶藤丝供细剪，苹林烟雨夜窗前。

持刀力砍动催伐，年年斑锦得人怜。

一应茂实光怪丽，千里青青惹人悬。

纔拿刀镰固相让，忽同翠竹半山眠。

　　内丘，地处太行山东麓。地形南北窄、东西宽，地势西高东低，地域宛若一柄玉如意。在这柄"玉如意"的顶端，是以苹果树为代表的经济林木，而位于太行山优质果品带中心地区的内丘县岗底村是内丘苹果的核心产区，所产的富岗苹果也是内丘苹果的代表。

　　岗底村地处太行深山区，从京广铁路西行65公里，经过360道弯的盘山道，才能到达富岗的苹果园。这里层峦叠翠，空气清新，日照丰富，昼夜温差大，有利于苹果糖分的积累；pH呈中性偏酸的沙壤土含有较丰富的磷、钾、钙、镁等元素，使苹果具有极高的营养价值；在山泉的浸润下，优质生态环境的孕育下，内丘的富岗苹果细脆津纯、酸甜适口。

　　回望过去的岗底村，一直就有种果树的传统，但由于管理技术落后、产量低、品质差等，苹果卖不上好价钱，村民也难以维持温饱。1996年，邢台山洪暴发、农田被毁、山场遭损，林业专家李保国老师到此考察灾情，他发现了当地独特的自然条件，便开始了在岗底村的科研之路。

　　创业初期，李保国自己垫上了几万元的科研经费，在村里推行苹果套袋技术，还手把手教当地果农。他为岗底村的苹果种植确定了目标：不追求产量越来越高，要保证好果率越来越高。只有每亩地的产值高，果农才能受益。为达到这一目标，李保国反复试验，逐步推广了标准化种植。

　　在岗底村，果农种苹果就像流水线上工作的工人一样，严格按照富岗苹果128道标准化工序生产，什么时候疏花、什么时候疏果、什么时候整枝、什么时候打叉，生产工序说得一清二楚。从整地到种植，从管理到采摘，从贮藏到销售，128道标准化生产工序一环扣一环，环环紧相连。

历经几年数百次的试验，当地培育出的富岗一号、富岗二号和富岗三号苹果，果形端正、清香蜜味、易贮耐藏，富含多种对人体有益的氨基酸、矿物质和微量元素。据检测，富岗苹果果实硬度为18.9磅/平方厘米，含水量达89.3%，果肉脆，多汁，质地细，纤维少；果肉含原糖8.7%，蔗糖15.1%，可溶性固型物含量16.1%，果汁pH3.3，以上指标均高于全国平均值。不仅如此，苹果中所含的18种氨基酸含量，富岗苹果有15项高于全国代表值。

过硬的果品质量，得到了市场的高度认可。"富岗"牌苹果一时蜚声全国，畅销北京、天津、山东、广东等十几个省份。特级果每斤卖到十几元还供不应求，一个极品果卖到100元。"富岗"牌苹果先后荣获河北省名牌产品、河北省著名商标、2008奥运专供产品、国家地理标志保护产品、中国驰名商标等荣誉。现在的岗底村，已是全省闻名的苹果种植专业村。

只有不断创新，才能长远发展。近年来，内丘县委、县政府加强顶层设计，做实谋篇布局，组建成立了苹果产业推进专班，由县级领导牵头，相关部门、乡（镇）联合，从规划设计、科技创新、产品研发、市场拓展等各环节加大服务保障力度，推动苹果产业规模化、品质化、现代化发展，让大山更绿、让百姓更富。

目前，内丘县正在积极招引并推进实施以分级分选、冷贮冷运、加工物流等为主的苹果产业链相关配套项目，坚持高质量打造现代果业的技术体系、生产体系、经营体系，为全面推进乡村振兴赋能提速。

富岗苹果采摘

区|域|公|用|品|牌

威梨

威梨

现代梨果标志性品牌

梨
/
宋·杨长孺

想像含消与接枝，项华集里脆香诗。

外披翠羽中怀玉，嚼出清泉上满池。

溢齿应餐多正好，堆盘尽饤老将宜。

炎蒸时节还能洗，不是梨侯更有谁。

《广志》中记载："吾威古巨鹿地也，古至今产佳梨，其名鸭子嘴者尤甘美"本境西区沙地产梨最多，每年贩运去天津的梨约百余万斤。由此可见，威县的梨盛名已久。

作为一种在全国各地普遍种植的水果，威梨为何广受欢迎？

威县在种植条件上具有天然的优势。黄河蜿蜒九曲，几经改道，具有沙壤土和轻壤质土的黄河故道地区数不胜数；华北平原几千平方公里，四季分明、雨热同季、日照充足也是常见的气候，但将黄河故道和华北平原聚集于一处，并且面积广，足有1000多平方公里的地区，非威县莫属。早在宋代，威县已经开始大面积种植梨树。2018年底，第什营镇西梨园村出土"梨树根墩"，经邢台市考古队考证，属宋代遗品。章台镇鱼堤村"百年梨树"，更是随处可见，记录着几代人"以梨为业"的历史。

　　传统的生命力在于继承和发扬。威县梨不仅有光辉的历史，更有奋进的现在。当地从发展梨果产业入手，10年前就开始规划建设西沙河流域绿色A级梨产业带，打破单一种植棉花的农业模式，激活现代农业崛起的新引擎。兵马未动，规划先行。当地聘请河北农业大学专家团队，制定《威县西沙河流域绿色A级高效梨产业带建设规划》，出台《威县标准化梨园建设财政奖励办法》等优惠政策，引进新品种，推广现代化省力密植栽培及新型平面网架模式，南北行种植、宽行密株、早果早丰，既通风透光又适合机械化生产，开启了梨果产业发展的致富路。

河北省首届梨电商大会

此外，威县还以抓工业的思路抓现代农业，专门成立了梨产业园区管委会，深化涉农资金整合试点，实施路网井电、智慧节水、墒情测定等基础设施工程，为项目落户、技术推广搭建优质平台。同时，探索创新"六位一体"运行机制，有效解决了跨区域管理难、涉农力量整合难、项目摆放规范难、发展质量保证难的问题。

在此基础之上，威县又着力提升威梨的产品品质，通过引进品种、标准化种植等举措打出了知名度。

在品种引进层面，威县将新梨七号、秋月梨、雪青梨、红香酥梨等优新品种作为主推品种，品种差异，满足消费者的不同需求。新梨七号与红香酥，属新疆库尔勒香梨的更新换代品种，单果重180克左右，皮薄翠绿，有红晕，酥脆香甜，汁多无渣，入口即化，7月中旬成熟；秋月梨又称"冰糖梨"，个头儿较大，单果重400克左右，褐皮有光泽，果肉细腻脆甜多汁，有清香味，8月下旬成熟；雪青梨俗称"天然矿泉水"，单果重500克左右，个儿大皮黄，脆甜多汁，8月初成熟。

威梨果园

在标准化种植方面,编制威县绿色A级梨标准化生产"一标五规一方案",创新"六个统一""八大程序、30道工序"等绿色产品标准,建立果品检测、化学品控制、疫病监控、产品追溯四大体系,确保从企业入驻开始,经过苗木繁育、起步建园、生产管理到包装销售、贮藏加工、市场物流等,都严格执行绿色A级生产标准。特别是在农药、肥料、调节剂等投入品的管控上,禁止使用除草剂、膨大素,推广绿色农药、仿生产品,推广生物有机肥、配方肥等。在梨树行间种植黑麦、黄豆等高蛋白饲草(作物),将其及时打碎翻入土中,提高土壤肥力,让"威梨"成为吃草长大的梨果,回到"儿时梨"的味道。2015年威县梨果顺利通过中国武警疾控中心食品检测室严格检测,成为纪念抗战胜利70周年"阅兵梨";2017年6月,成功发布威梨区域公用品牌,并荣获省"十佳农产品区域公用品牌"。党的十九大及2018年全国两会期间,威梨摆上了会议餐桌,得到了代表们的一致好评。威梨连续六届在中国(廊坊)农产品交易会上获果王、金奖等荣誉,荣获第四届全国梨产业发展学术交流会暨第二届"中华好梨"品鉴推介活动中"中华好梨"称号。

如今,威梨以其"品种优、品质好、品牌强"等特点,主销国内中高端市场、一二线城市,直销北上广深及沿海地区。

除鲜食外,当地还持续进行了梨与其他食品的跨界结合、产品开发,研发上市了威梨特色糕点等。打造威梨博览园,举办五届威县梨花节暨迷你马拉松比赛及威县旅发大会,不断提升威梨品牌影响力和市场美誉度。依托威县梨区草楼、袁庄等美丽乡村,深度挖掘乡村特色资源,凸显村落差异,打造集产业、文化、旅游功能叠加的威梨村,让梨成功连结了现代生活与乡愁。

威县的梨,小水果,大文化。

平乡桃
平乡桃·醉心甜

春宫曲 / 唐·王昌龄

昨夜风开露井桃，

未央前殿月轮高。

平阳歌舞新承宠，

帘外春寒赐锦袍。

一颗平乡桃，滏漳十里香。来到平乡，必须尝一尝这里的桃。

平乡桃是蜜桃，果顶微凹，缝合线浅，茸毛少，色鲜红，轻咬一口，桃汁顺嘴流。平乡地处滏漳河畔，种桃历史悠久。相传宋朝祥符年间，平乡遭遇洪水，刘家庄刘员外赈灾抗洪，数万生灵得以保全。他的善举感动天庭，王母娘娘赐仙桃核一枚，桃核发芽生长，繁衍至今，就是现在的"平乡桃"。传说平乡桃寄托着人们的美好愿望，平乡人始终认为自己和仙桃有缘。清乾隆年间，平乡桃树已经遍布村南村北，当地县志记载，当时的桃位于"果蔬"之首。暮春三月，惠风和畅，行走在桃林中，落英缤纷。直到20世纪70年代，从郭桥到东许庄村以北的河堤外坡上，依然是"堤外桃花堤内柳，一泓清水两岸风"。

种桃道士今何在，前日刘郎今又回。新时代的东风再次吹绽花蕾，平乡重现"桃之夭夭"的盛景。2018年，平乡明确蜜桃特色产业发展目标思路，出台了蜜桃种植奖补办法，充分调动了广大群众种植的积极性。截至2023年，全县桃树种植面积3000余亩，建立了4个百亩蜜桃新品种示范区。

现代农业不是单打独斗，标准化是必由之路。当地依托河北省水果创新团队，进行规范生产和标准化生产相关的科技推广与培训活动。按照统一种植、统一灌溉、统一施肥、统一用药、统一收采"五统一"模式，参照行业领先质量标准进行种植管理，从产地环境、种植区划、主植品种、生产管理技术、有害生物防治、品种改良技术、果实产量与质量、采收、加工、储藏等一系列生产、加工、经营环节的技术规范进行了科学细致全面的规定，初步建立了平乡桃产前、产中、产后全涵盖的标准体系。同时，加大科技投入力度，与邢台市农业科学院、石家庄果树研究所、河北农业大学、河北科技师范学院等高校建立常年技术合作关系。2020年，创建了河北省农业创新驿站，让前沿技术及时进入田间果林，确保桃树常植常新。这样的举措行之有效，平乡桃的品质得到了保证，附加值得到提升，农户收入得到增加。

当地充分利用百亩以上桃新品种示范区,建成了观光大道十里鲜桃种植产业基地,春季有繁花,夏秋冬有硕果、一年四季有游客,在这里可以赏花采摘,特别是桃花盛开季和蜜桃收获季,桃树下游客络绎不绝,与桃园内景色相映成趣。

未来,当地将规划以梅拳基地、小漳河和滏阳河为载体,建设康养、采摘、休闲、观光、农耕体验五大功能区,让顾客了解并体验现代农产品的生长全过程,有效带动周边生态观光旅游业发展,带动周边地区经济、交通及相关产业的发展,形成生态农业示范园、观光农业旅游园、农业教育和农业科技示范园,实现生态农业与现代服务业的跨界融合。

威县葡萄

区／域／公／用／品／牌

威县葡萄
WEIXIAN GRAPE
黄河故道沙土葡萄

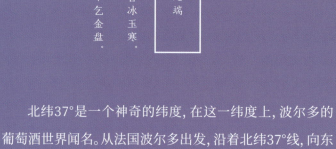

若使文园知此味，露华应不乞金盘。

满筐圆实骊珠滑，入口甘香冰玉寒。

葡萄
／
元·郑允端

北纬37°是一个神奇的纬度，在这一纬度上，波尔多的葡萄酒世界闻名。从法国波尔多出发，沿着北纬37°线，向东跨越半个地球的经度到达亚洲的东部，这里便是威县。

同在北纬37°线上的威县，年平均日照2575小时，有效积温超过4000℃，与波尔多的酿酒用葡萄不同，威县所产的是鲜食葡萄，平均糖度达18°，粒粒鲜润爽口。

威县葡萄种植基地

经历了大自然的雨露风霜，露地生长的威县葡萄多了一份天然的禀赋，它的甜是自然甜，就像胎儿足月方能呱呱坠地，威县葡萄要长足180天才能与消费者见面。不与时间赛跑，只在阳光雨露中默默滋养自己。威县葡萄的饱满，是岁月的成熟；威县葡萄的多汁，是生长的甜蜜。

在葡萄种植学中，土壤大概是最有趣也最容易被误解的学科，它与气候一起决定了最终收获的葡萄品质。要想获得优质的葡萄，就必须对脚下的土壤有充分的了解，为不同葡萄品种选择土壤类型是件很难的事，因为需要兼顾砧木和葡萄藤两者所需的养分。不同的土壤环境种植的葡萄风味不同，威县葡萄生长所使用的则是沙土。威县地处黄河故道，古黄河冲击留下的表层沙土透气透水，排水性能极佳，即使在降水量偏多的夏季也可以做到及时排出水分。沙土底层是肥沃的黑土，可以为作物提供丰富的有机质。这是威县葡萄品质优良的主要原因，这一特点也使得威县葡萄开辟并占据了"沙土葡萄"这一全新葡萄品类。

为使葡萄种植业健康发展，当地坚持以科学规划为引领，聘请河北省农林科学院研究员为葡萄产业顾问，制定"3314"葡萄产业转型升级计划，即以"三品"（品种、品质、品牌）为发展目标，以"三棚"（暖棚、冷棚、避雨棚）创新栽培模式，推动传统葡萄转型升级，实现葡萄四季上市销售。

品质永远是产品的核心，也是威县不断的追求。为了让葡萄的品种跟上消费者的口味，县委、县政府出台制定了《关于做强做优葡萄产业的实施意见》和《威县葡萄产业标准化体系》，引进蜜光、脆光、阳光玫瑰等十几个葡萄新品种，推广露地葡萄土壤改良面积万亩，并按照国家绿色A级食品标准，编制《威县优质葡萄标准化生产管理规范》，以此来保证每一颗威县葡萄绿色和甜美。

为了让更多人认识和吃到威县葡萄。当地坚持以强化品牌为驱动，聘请知名咨询品牌公司，为威县量身打造《威县葡萄产业区域公用品牌发展战略规划》，成功发布"威县葡萄"区域公用品牌，树立"黄河故道沙土葡萄"区域特色，打造"中国葡萄，威县甜"的核心价值。2020年，"威县葡萄"被评为河北省农产品区域公用品牌20强。威县还承办了河北省种植业结构调整大会、河北两届梨电商大会、邢台市农民丰收节，受到各界一致好评。

威县葡萄种植园

为进一步挖掘威县葡萄文化, 促进农旅融合发展, 延伸葡萄产业链, 适度发展葡萄加工, 提升产业综合效益, 威县重点打造了葡萄小镇旅游。东夏官村如今已经是远近闻名的葡萄小镇、国家3A级旅游景区, 这里自然风光秀美, 民俗风情独特, 处处是充满了泥土气息的乡村美景。如果在路上询问村里人, "东夏官村是怎样让百姓安居乐业的?"村里人一定会告诉你, 因为村里依托特色葡萄产业优势, 开发了独具特色的休闲旅游观光农业, 为现代新农业注入了新活力, 为农民增产增收提供了新渠道。

在威县, 像东夏官村这样的致富例子还有很多, 区别仅在于一村一特色。西梨园村是以设施葡萄为特色, 发展小镇旅游, 在戚霍寨打造特色的小镇旅游。在旅游旺季, 利用周边城市的主流媒体、广播、微信朋友圈等, 加大威县葡萄小镇游的宣传力度。

避免产品同质化也是让当地很伤脑筋的事情。当地坚持"同中有异"的方针, 打造一批威县葡萄小院, 扮靓小院外观, 由政府组织统一规划, 出台改造政策, 以葡萄为主题元素, 融入威县葡萄品牌元素, 对葡萄村镇内、居民宅院外围进行改造建设, 形成"一院一品", 营造小院整体氛围。每个院子如何吸引消费者, 由各自主人设计。有的院子推出农家自酿葡萄酒品鉴活动, 有的院子推出露天影院, 有的院子在葡萄步道长廊下表演梅花拳、威县乱弹, 有的院子干脆摆上威县葡萄宴, 像金丝葡萄球、葡萄老鸭汤、葡萄奶昔等菜肴和甜点。只有想不到, 没有做不到。

葡萄, 已经成了威县的"致富果"。在区域品牌的带动下, 威县葡萄产业为现代新农业注入了新活力, 为农民增产增收提供了新渠道, 为乡村振兴开辟了新路径。

伊犁纪事诗四十三首 其七

清·洪亮吉

古庙东西辟广场，雪消齐露粉红墙。

风光谷雨尤奇丽，苹果花开雀舌香。

太行山的金秋季节，累累果实挂满枝头，苹果的香气扑鼻而来。邢台西部太行山区浆水镇的苹果园，在一片葱茏中挂满"鲜红的灯笼"，衬托着果农一张张幸福的笑脸。

邢台市信都区浆水镇，是中国人民抗日军事政治大学敌后总校的所在地，一个血液里流淌着红色基因的太行山小镇，在奋进的新时代，因为苹果，再次进入大众视野。

炎水苹果果园

在平均海拔50米的华北平原，浆水镇以平均海拔500米、最高海拔1882米而显得卓尔不群。这里群山环抱，层峦叠嶂，山环水绕，风景如画。山区的光照充足，雨量适中，昼夜温差大，年均气温在11°~16℃，即使在盛暑，依然凉风习习。得天独厚的的地理位置，不但令游客乐而忘返，连果树也选择在这里发芽生根。

浆水镇种植苹果已经有几十年的时间，进入21世纪后，当地为增强区域苹果市场的竞争力，助力果品增效、果农增收，通过推进标准化生产、品牌化经营等一系列手段，不断提升产品品质和市场影响力，走出了一条创新发展之路。

地理资源是种植优质苹果的第一要素。

信都区把浆水镇、冀家村乡、宋家庄镇等几个乡镇作为核心区，重点打造高标准优质果品种植基地。在苹果生长期，规范了6个大项、36个小项目的标准化生产流程，特别是开展有机肥代替化肥行动，保证了苹果的绿色有机。在苹果生长的关键期，技术服务联盟人员深入田间地头，从疏花到采摘，随时进行技术指导，有的技术员与果农同吃同住，以果园为家。在收货旺季，当地以补贴的方式支持果园建设小型冷库70多座，实现错季销售。

此外，信都区还成立了"浆水苹果"销售联盟，依托"浆水苹果"区域公用品牌，统一标准、统一技术、统一管理，吸引核心产区的果品公司、专业合作社、市场主体，形成松散型的联合体，共闯市场。目前，当地发展苹果种植8万亩，覆盖260个行政村，浆水苹果年产量达13万吨，远销北京、天津、武汉、深圳等多个城市。同时，当地还通过搭建网上销售平台、实施农超对接工程等措施，不断拓展优质果品销售渠道，力促"果品升级、果业增效、果农增收"。

努力总会得到回报。2019年11月，浆水苹果被认定为第二批河北省特色农产品优势区，2020年12月浆水苹果通过有机认证，2022年浆水苹果通过绿色食品认证。

未来，信都区将融合发展各产业，以"太行醉红苹果小镇"为平台，以"吃住游娱购"需求为导向，拓宽产业发展思路，丰富衍生产品、推动苹果文创、打造苹果文化、促进果旅融合，升华"浆水苹果"的价值内涵，丰富"苹果小镇"产品、服务及文化，让这颗太行山上的红苹果，越来越艳，越来越红。

太行山的问候!

临城核桃

枝头叶底不能藏，独脱无依未厥当。

一击浑身如粉碎，不堪收拾始馨香。

胡桃

宋·释普济

核桃是胡桃科植物，与扁桃、腰果、榛子并称为四大干果。核桃仁营养丰富，在《本草纲目》《千金要方》《名医衷中参西录》等医学名著中都有记载，孙思邈、孟诜、李时珍、张锡纯等历代名医都曾以核桃入药。核桃药食同源，古人发明了许多吃核桃的方法，比如将核桃去壳取仁，加冰糖后捣成核桃泥，密闭贮藏在瓷缸中，每次取两茶匙，用开水冲和饮服，可"补肾通脑，有益智慧"。据说，用水冲和后浮起的一层白色液体，就是补脑作用最强的"核桃奶"，这也许就是最早的核桃乳。

自古以来，太行山都是核桃优质产区。张骞出使西域，带回了胡桃（即核桃）、苜蓿等西域作物。当时在位的汉武帝把一部分核桃赏赐给河北景县人董仲舒。深感皇恩浩荡的董仲舒尝试将胡桃种在老家太行山一带，结出的果实口感非常好。董仲舒的家人将胡桃果实呈给汉武帝，汉武帝品尝之后大加赞扬。从此，太行山一带开始推广胡桃种植。东晋十六国时期，乱世枭雄石勒在襄国（邢台）称帝，在邢台地区广泛种植胡桃，并将"胡桃"改名为"核桃"，象征着平安幸福、和睦康泰。后来太行山一带均以核桃招待贵宾，比如苏轼去海南任职时路经临城凤凰岭官道驿站，官员以核桃招待；明代吏部尚书赵南星为四川巡抚乔壁星送行，也是以核桃相赠。

邢台市临城县地处太行山东麓，"七山二水一分田"，山区丘陵占全县总面积的85.2%，土壤构成以片麻岩为主，土质中性偏碱，钙质丰富，该土壤条件适合种植核桃。

临城的核桃皮薄如纸，食用时只需用手轻轻一捏就可以破开，非常方便，因此被称为薄皮核桃。临城核桃成熟期早，口味好，含油量高，经济价值比普通核桃高出2~3倍。临城核桃脂肪、蛋白质，特别是钙、铁等多种元素含量高，营养丰富具有健脑益智的功能，是全国最优质的薄皮核桃品种之一。刚摘下来的核桃，去掉青皮、核桃壳就露出了白净鲜脆的核桃仁，不油不腻，可以直接食用。新鲜核桃经过去青皮、晾晒、分级、清洗、浸泡、烘干、杀菌等10余个步骤，便可长期保存。

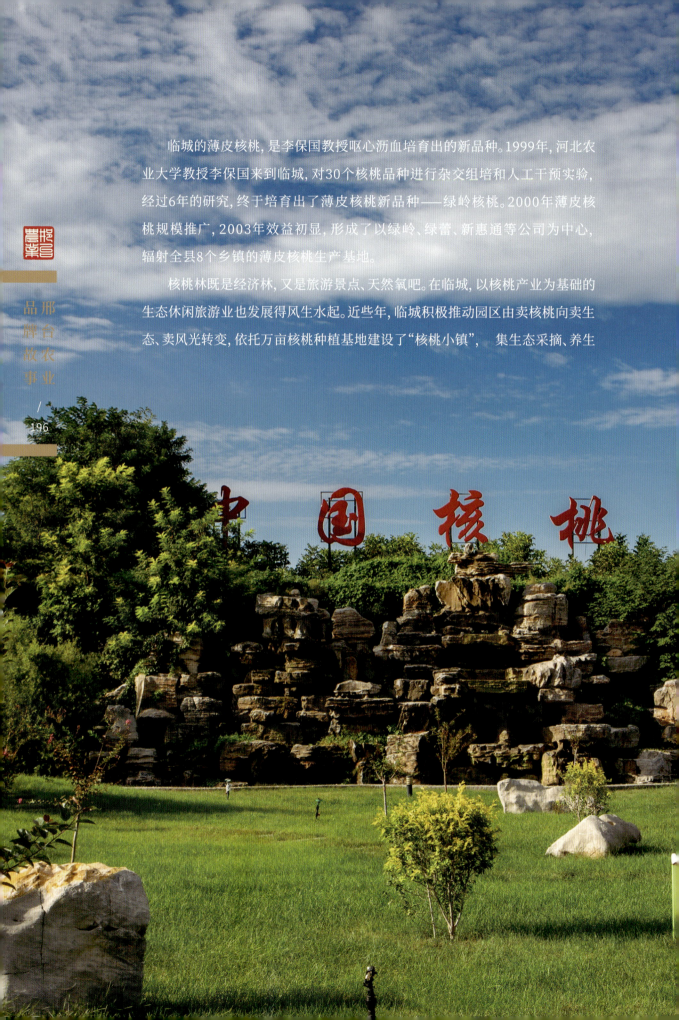

临城的薄皮核桃，是李保国教授呕心沥血培育出的新品种。1999年，河北农业大学教授李保国来到临城，对30个核桃品种进行杂交组培和人工干预实验，经过6年的研究，终于培育出了薄皮核桃新品种——绿岭核桃。2000年薄皮核桃规模推广，2003年效益初显，形成了以绿岭、绿蕾、新惠通等公司为中心，辐射全县8个乡镇的薄皮核桃生产基地。

核桃林既是经济林，又是旅游景点、天然氧吧。在临城，以核桃产业为基础的生态休闲旅游业也发展得风生水起。近些年，临城积极推动园区由卖核桃向卖生态、卖风光转变，依托万亩核桃种植基地建设了"核桃小镇"， 集生态采摘、养生

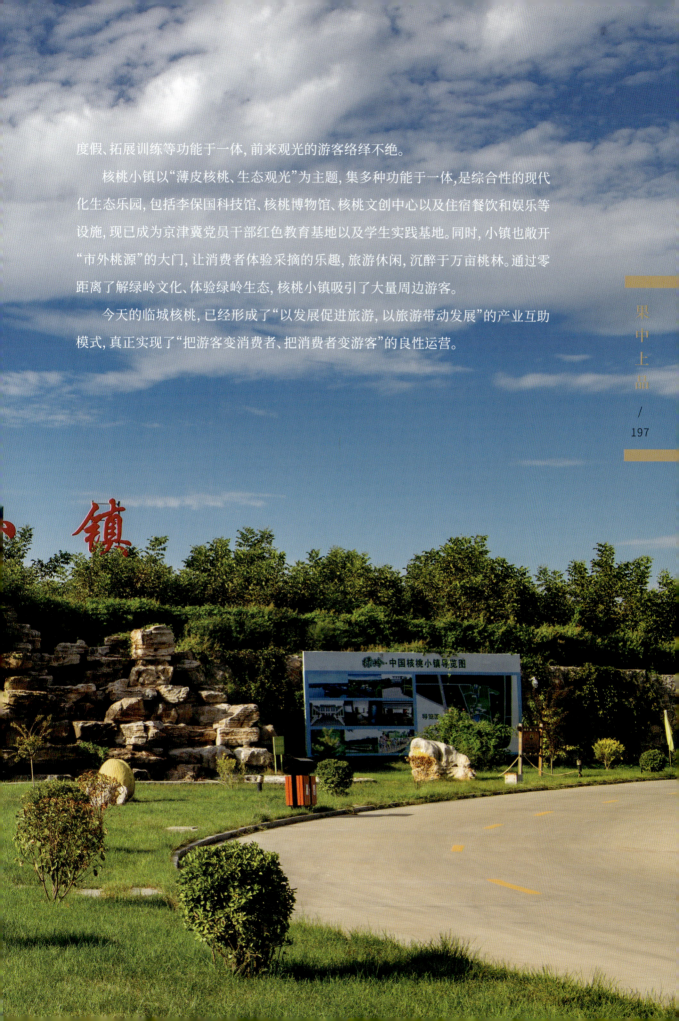

度假、拓展训练等功能于一体，前来观光的游客络绎不绝。

核桃小镇以"薄皮核桃、生态观光"为主题，集多种功能于一体，是综合性的现代化生态乐园，包括李保国科技馆、核桃博物馆、核桃文创中心以及住宿餐饮和娱乐等设施，现已成为京津冀党员干部红色教育基地以及学生实践基地。同时，小镇也敞开"市外桃源"的大门，让消费者体验采摘的乐趣，旅游休闲，沉醉于万亩桃林。通过零距离了解绿岭文化、体验绿岭生态，核桃小镇吸引了大量周边游客。

今天的临城核桃，已经形成了"以发展促进旅游，以旅游带动发展"的产业互助模式，真正实现了"把游客变消费者、把消费者变游客"的良性运营。

邢台贡梨

XINGTAI ROYAL PEAR

千年邢州·百年贡梨

食梨（节选）／宋·曾巩

今岁天旱甚，百谷病已久。

山梨最大树，属此亦乾朽。

当春花盛时，雪满山前后。

常期摘秋实，穰穰落吾手。

忽惊冰玉败，不与膏泽偶。

清朝起周览，映叶才八九。

梨是中国北方常见的水果，因品种和地域不同而各具特色。

产自邢台信都区马场的贡梨，风格自成一派。它果实硕大，黄亮美观，皮薄多汁，味浓甘甜，可谓是梨中上品。

贡梨在邢台市久负盛名，迄今已有1000多年的种植历史，源于唐，闻于明，兴于清，颂于今。特别是在明代，民间流传着很多与梨有关的故事。明朝末年，崇祯皇帝的常随官王承恩，在大沙河北岸洛阳村西一带给皇帝牧养御马。秋天，他从牧场附近摘了几个甜美异常的梨子，献给崇祯皇帝。皇帝尝后赞叹不已，说道："奇果誉天下，无过马场梨。"从此，马场梨就成了专供皇帝享用的贡品。

"邢台贡梨"生产地域位于北纬36°50'—37°47'，东经113°52'—115°49'，分布在邢台市信都区的李村镇、南石门镇、羊范镇、张宽办事处、会宁镇境内。信都区洛阳村梨树的栽培历史悠久，大约在公元1470年，洛阳村西就已发展成大片果园。据县志记载，清道光二十一年，沙河知县鲁杰春游观洛阳梨花，曾赋诗："梨花本数洛阳(河南洛阳)芳，马场居然号洛阳。一路香风三十里，也应载酒洗春妆。"可见当年此地梨树之盛况。

马场秋梨的盛名之所以经久不衰，主要在于它独特的品质。马场梨除含有较高的糖分外，还含有蛋白质、脂肪、果酸以及多种维生素、矿物质，具有滋补身体、止咳平喘、清热祛寒等医疗功效，与其他药物配合，是一种止咳效果明显的土方。

马场梨含糖量高，果肉清香甜脆，茬口细嫩雪白，果汁多，氧化缓慢，果肉在室内或阳光下晾晒，久不变色，果柄坚固，质细皮薄，只要把果柄劈开，两手一拉，即可把梨分成两半，这便是其独特之处。据果农讲，马场贡梨不仅好吃还耐贮存，正常保存可以从第一年采摘直至第二年麦前，仍品质不变，风味不杂，是其他无法比的。

马场梨的主要品种有七硒红、金冠儿、金月秋梨等。这些梨品性不同，各有千秋。七硒红是马场梨中最早熟的一种，色泽微红，皮薄瓢白，果肉细腻，味香汁甜，微量元素硒含量丰富，采摘期长；马场芒果梨果实呈纺锥形，果底黄绿，果面光洁，果肉白色，酥脆多汁，风味香甜，在冷藏条件下可以贮藏至次年6月；马场金冠儿果实呈椭圆形，果皮黄色，果心小，果肉洁白，肉质细腻松脆，石细胞及残渣较少，风味酸甜适口并具有浓郁的香味。

马场梨种植园

马场梨的发展，曾经几经沉浮，一度消失，令人叹息。2014年，为复兴马场梨事业，邢台秋硕马场梨种植专业合作社成立，为马场梨的振兴迈出了第一步。2021年马场贡梨核心园区申报了信都区秋硕现代农业园区。这里位于邢台市信都区李村镇，距邢台市20公里，园区西至滨江南路东西两侧，南邻G340国道，北至祥和大街，东至钢铁路，总规划面积约5000余亩，与襄湖岛湿地公园近邻，交通十分便利。园区辖区设有秋硕马场梨种植园区、我家农场、勤生家庭农场、荣盈和艺园林综合体、第五季草莓园、银禾农场和油菜花种植观赏区和六大种植板块，该园区集餐饮、马场贡梨、樱桃、草莓等水果采摘和现代农业园区休闲观光于一体。

园区依托现代农业科技，从起初建园就和中国农业大学、河北农业大学、邢台科学研究院合作，引进品种20多个，严格执行绿色生产标准，加强技术指导，制定企业标准化管理等措施，推动马场贡梨产业标准化、组织化生产，还建立"马场贡梨"二维码绿色食品质量追溯体系，提高了产品公信力。

马场梨分别在2018、2019、2020年京津冀果品争霸赛上，连续三年获得金奖；2019年12月参加第二十届中国绿色食品博览会，老沙河马场梨荣获绿博会金奖；2020年9月，马场梨在河北省首届梨王争霸赛中荣获一个金奖和两个优质产品奖。

未来，当地将继续大力发展特色农业，推进农业结构调整，继续扩大马场贡梨的种植面积，带动二三产业发展，带领更多的农民就业致富。

河北省首届梨王争霸赛

区一域一公一用一品一牌

新河大枣

新河大枣

愿君多采撷 此物最相思

秋游原上（节选）／唐·白居易

七月行已半，早凉天气清。

清晨起巾栉，徐步出柴荆。

露杖筇竹冷，风襟越蕉轻。

闲携弟侄辈，同上秋原行。

新枣未全赤，晚瓜有馀馨。

依依田家叟，设此相逢迎。

　　大枣，为鼠李科植物枣的成熟果实，药食同源，秋季果实成熟时采收，可鲜食、可晒干食用，有补脾和胃，益气生津，调营卫，解药毒之功效。

　　枣树，耐寒、耐旱、耐盐碱，所以在全国各地多有种植，细数全国名枣，新河大枣榜上有名。

"得天独厚"这个词语，用在"新河大枣"可谓名副其实。新河县，是千年古县，历史上河道众多，经千百年的泥沙冲积沉淀，让这里的土壤全部为石灰性，呈弱碱性或碱性。这样的土质虽然不易种普通的作物或果树，但却非常适合枣树的生长。枣树喜欢阳光充足的环境，对土壤要求不高，生命力极强，除沼泽地和重碱性土外，其他环境都能生长。于是在这片碱性土地上，枣树长势一片欣欣向荣。

新河县一直是全国红枣主产区之一，鼎盛时期全县红枣种植面积近10万亩。特别是新河"婆枣"，1999年被河北省认定为优质产品，还被评定为河北省"八大名枣"之一，在上海、浙江、武汉、福建等地颇有影响，在全国也形成了一定的销售网络。

21世纪伊始，各地各级政府都在紧锣密鼓地筹划适合本地乡村振兴的路径，新河当地也不例外。

新河把大枣种植作为乡村振兴的突破口，在政策扶持、资金投入等方面给予了极大的支持。以品牌化为引领，构建枣业产业体系，推动枣业高质量发展，并大力开发枣业多功能和新业态，延长产业链、提升价值链、完善利益链，拓宽农民增收渠道，成为农村经济发展的新动能，真正实现"枣业兴旺助推兴村强县"。

在农业产业化进程中，如何处理传统农业与新技术更新是共性问题。在新河大枣的发展过程中，也遇到了同样的问题。新河大枣的抗旱耐涝基本无病害就像一把双刃剑，在特定历史时期为社会经济做出了巨大贡献，但随着社会经济的发展和农业科技的推动，新河大枣的原有品种逐渐老化，果子核大，不利于市场竞争，随之而来的是砍伐严重，种植面积骤减。

在传统无法适应时代需要的十字路口，新河县大胆做出决策，一方面保留老树的资源和文化价值，让后人看到前人的足迹；另一方面引进更优质的品种，优化结构，确保经济效益。首先指导村民成立专业的种植合作社，由合作社派懂技术的成员前往山西、北京、江苏等地取经，带回优质品种，在原来枣树的基础上进行嫁接、施肥、剪枝等。改良后的新河红枣个大、脆甜、含糖量高，每亩盛果期产量3000~4000斤，成为当之无愧的新型大枣。

大枣老产区走出新路子，传统和更新的问题得到完美解决。新河大枣旧貌换新颜，重新焕发生机。1999年，新河大枣被认定为河北名优产品及邢台市名牌农产品；2000年，在中国经济林协会于山东乐陵举办的全国红枣交易会上，新河大枣被评为优质产品奖，新河县选送的中华辣脆枣被评为银奖；2006年，在第二届中国(国际)枣产业发展高层论坛上新河大枣被评为银奖。目前，大枣已经成为新河县的主导产业之一。

因为枣树种植的普遍性，在很多北方人的记忆中，枣树往往是童年的回忆，成了乡愁的重要符号。对于新河大枣的产业化之路来讲，一条路是不断提升二产，另一条路则是与三产融合——输出价值、沟通情感，让新河大枣品牌成为记忆和乡愁的载体，让大枣基地成为情感体验场所。"枣"与"树"就是新河大枣产业发展的"景"与"物"，一景一物，带给新河大枣的，将会是更加美好的未来。

新河大枣产品

沙河板栗
太 行 古 树　绝 世 独 "栗"

灌香糖／唐·杜甫

堆盘栗子炒深黄，客到长谈索酒尝。

寒火三更灯半灺，门前高喊灌香糖。

　　"八月的梨子，九月的楂，十月的栗子笑哈哈。"金秋送爽，正是沙河板栗上市的季节。栗子的甘甜，唤起众人的食欲。沙河漫山遍野飘出的都是栗子的香味。

  邢台太行山区盛产板栗,其中沙河板栗最为著名。沙河板栗自西向东由南沟、大欠、后欠、石岩沟、小台等村形成了一条长十多公里的古板栗生长带,现有树龄百年以上的板栗树近5000株。沙河板栗主要分布在西部太行深山区的蝉房乡一带,这个区域是沙河市重点保护的生态区域,沙河市第二大水库(石岭水库)也坐落在这里,是水源涵养、水土保持的重点区域。这片区域面积168平方公里,辖35个行政村,山场面积20多万亩,森林覆盖率达91%。这里有最适宜林果生长的山场土质——片麻岩,片麻岩富含钾、镁、铁、钼等矿物质元素,再加上山场面积大,海拔高、光照充足、昼夜温差大、水利条件好、无任何污染等优势自然条件,使得发展林果生产有着得天独厚的自然优势。

  蝉房乡,冀南太行山深处的偏僻乡镇,距离沙河市区60公里,栽种板栗历史已有1000余年。沙河板栗在明朝时就极富盛名,作为贡品,被誉为"明栗"。在蝉房乡当地有很多村落名称都用板栗来命名,如南沟村就有栗岩评、栗岩等自然山庄,在村内古板栗树成片生长。

蝉房乡大欠沟村内生长着北武当山古板栗树群，这里位于省级旅游景区北武当山风景区北侧，山川俊美，植被茂密，现500年以上树龄的一级古树有20棵，树龄300年以上的二级古树有1300多棵。树势生长旺盛，每年秋季仍然硕果压枝。在蝉房乡大欠村，有一棵树龄500年以上的板栗树，主干一分为二，枝条粗壮，树势古朴，被称为"古板栗王"。

沙河对板栗种植的重视，既有历史的传统，也有现实的需要。

《沙河县志》记载："栗，北地所产小者为胜，树高四五丈许，叶如箭镞，初夏开花，实有壳斗，甚大，刺如猬毛。霜降后熟，外有硬壳紫黑色，一苞内或单或双或三四，仁淡黄色。其每苞一实而形小者为栗之原种，谓之'栭'，其实曰橡栗，又作芧栗，或讹作茅栗。一名榛栗，一名枥栗。其用途，栗可煮食，炒食味尤佳。木材坚致，可制器，西山中间有之。"太行山是优质板栗产区，沙河西部一些村落处在太行山深处，所以栽培板栗是对当地山区种植模式的继承。

沙河西部耕地面积较少，因此优化使用山地成为当地脱贫致富的主要抓手。在市农业农村局的帮助支持下，当地集中涉农项目资金，组织地域相邻的水磨头、良峪、温家沟、侯峪、寨底、口上、富山公司等区域干部群众，将集中连片的3万多亩荒山进行高标准统一开发，将其打造成河北省南部集生态旅游和有机板栗生产为一体的板栗园。近年来，板栗园开展了一系列的太行山区板栗良种选育工作，选育出优质、早熟、丰产的板栗良种"太行明栗"，填补了太行山区早熟种质资源的空白，为今后太行山区板栗良种区域化发展奠定了基础。该园区产品已在2011——2015年由农业部认证为有机产品，被国家质量监督检验检疫总局评为生态原产地保护产品。板栗示范园被河北科技厅评为河北省山区星火产业带示范基地和河北省林果产业生产基地，从而促进了板栗种植的健康发展，沙河市建立健全服务体系，按照政策法规制定地方标准和技术、管理、规程、规划等措施，建立健全监督、管理机制，与农民形成较为紧密的利益联结机制。

统一管理辖区板栗生态文明建设，为生产管理、品种改良、技术推广、物资供应、产品购销等提供产前、产中、产后一条龙服务，逐步建立起从生产到终端市场的经营管理体系。

为培养新一代种植户，当地统一组织农户培训，充分认识生态原产地保护的试用法律法规标准体系，聘请专家教授定期进行法规培训、技能培训、技术指导，全民维护生态文明建设，做到有法必依，标准体系建设规范有效。

现代营销早已不是单纯的卖货,还要提供售后保障。当地抓质量安全追溯体系管理,规范产品包装标识。本着"质量第一、安全第一"的目标,建立质量管理可追溯体系。

沙河不是在种植板栗,而是用汗水浇灌绿色健康食品。认真付出终会赢得社会认可,2012——2014年蝉房板栗在河北省林果产品擂台赛上,分别荣获河北省名优果品擂台赛的银奖和金奖;2014年,被农业部评为全国名特优新农产品;2013年,被全国供销合作总社和河北省供销合作总社评为中国50佳合作社产品品牌、河北省30佳农产品品牌。2022年,经沙河市农业农村局起草,邢台市市场监督管理局筛查研究,出台了邢台市板栗生态种植技术规程,沙河板栗的现代种植之路越走越宽。

区/域/公/用/品/牌

宁晋沙地梨

宁晋沙地梨

梨

明·吴宽

名果先从张谷来，纷纷碎雪欲成堆。
淡妆自把娥眉扫，巧笑谁将瓠齿开。
园子岂求他种接，主人能使及时栽。
夭桃灼灼惊凡目，缟素应甘自不材。

宁晋县梨产业种植已经有2000多年的历史，现有果树种植面积10.8万亩，其中梨树种植面积9.3万亩，常年产量保持在27万吨左右，先后荣获全国梨产业十强县、全国鸭梨之乡等荣誉称号。

宁晋之所以将区域品牌命名为沙地梨，是源于得天独厚的土壤环境。

县域东北部梨树主栽区为滹沱河故道，土层深厚，以沙壤土为主，土壤肥沃，有机质含量在0.8%左右，钙、铁、铜等微量元素丰富，含盐量低于0.2%；土壤呈微碱性，pH7.8，通气性能良好，非常适宜梨树的生长。

　　梨产区水利设施完善,水质清澈甘甜,产地土壤、灌溉用水及大气环境卫生指标均完全符合GB/T 18406.2——2001标准规定。生产环境全部通过河北省果品无公害产地认定。

　　宁晋县得天独厚的土壤、气候条件,使得生产的梨香气、口感、含糖量均走在全国前列。宁晋鸭梨曾一度成为"朝廷贡品"。2020年,宁晋鸭梨被评为河北省气候好产品;2021年,宁晋鸭梨被评为全国最受欢迎的地理标志保护产品。

借助河北省梨产业集群建设项目的东风，总投资2000万元，建成民旺、雨佳、兴悬、永刚、张坤硕、泽金、路宇昂、三源、华燕、运乐等10个标准化种植基地，总面积超过3000亩。基地全部实现品种最新化、管理机械化、基地设施化、技术绿色化，为形成联动模式奠定基础，辐射带动周边近万亩梨树实行标准化管理，年产高端梨3万吨，有力保障了大中城市的商超消费需求。

2020——2023年，全县总投资1750万元，引进苏翠1号、创造、新华、冀秀等国内外高新品种，鼓励梨树嫁接改良，完成改良面积7000亩。

与北京丰达农业有限公司签订协议，取得苏翠1号品种授权。苏翠1号成为宁晋县新品种主流，成为我国北方最大的苏翠1号种植区；引进韩国最新品种——创造梨，该品种具有果形美、产量高、耐储存、口感好、含糖量高等优势，种植面积1500亩，成为全国最大的创造梨种植区域，下树收购价5.5元/斤，成为当前梨行业单价最贵的品种。另外，当地投资100万元，与河北省农林科学研究院石家庄果树研究所合作建立冀秀繁育基地。

宁晋县积极引进酵素种植、富硒种植、有机种植等先进技术，按照品种领先化、设施现代化、灌溉节约化、操作机械化、管理精细化"五化"标准，提高梨果的单果重量，做到果形周正、果面光滑。通过推广无害化生物防控技术，降低病虫害发病率，增加有机肥使用量，提高有机质含量，梨果的口感和酥软度得到显著提升。

宁晋县现建成2个绿色种植基地、1个有机

宁晋沙地梨

富硒认证基地、1个酵素种植基地，总面积1万亩，辐射带动面积超过3万亩，为宁晋沙地梨规模生产提供了有力支撑。

在抓好基地建设的基础上，宁晋县大力发展仓储保鲜产业，现拥有冷库215座，总贮存量达9万吨。另外，宁晋县有贮藏、运输、包装箱、育果袋、网套生产等相关企业85家。近年来，宁晋县逐步鼓励基地采取"生产+销售"的精英模式，2021年全县果品总产值5.1亿元。

宁晋县政府牵头，全面提升梨产业综合运营意识，构建农业全产业链格局，沙壤甜水滋养的贵气好梨正乘势崛起。

北 程 梨

　　自古好梨出河北,临城有好梨,最好在北程。

　　隆庆赵州志记载:"临城果实类梨杏等,擅名于时。"《临城县志卷之三食货志物产》记载:"累类梨、桃、杏等。"民国二十八年《临城县志》卷之三食货志物产记载:"果类,梨、杏、桃。"

　　志史所载:古时泜河水深丈余,商民舟楫,通行无阻,汹涌的河水自西向东奔腾而下,临近县城时向南拐了一个弯,形成了冲积小平原,即北程村。河道里湿润的风,松软肥腴的沙土地,得天独厚的地理与不可复制的土壤,成就了北程雪花梨的独特品质。

　　泜河南岸,梨花渡旁,将近3公里的绿色,是北程村含烟带雨的31200株、523亩的梨园,其中百年以上的梨树580株,500年以上的12株。2020年县林业局将其认定为"古树名木"以及"古树群落"。

　　这道绿色屏障,不仅守护着北程村的生态,也守护着我们的母亲河泜河,更是"活态性的农业文化遗产"。独特的地理位置与土壤,上乘的雪花梨品质,以及百年梨园的传说故事,形成了临城独有的特色资源。梨园肇造,始于青阳。梨熟献于黄帝,而帝白日飞升,赞其长生果,杨二郎担山赶太阳,食梨而疲乏尽去,终成其功。光武帝兵败王朗,啖梨而转胜,大封树王。赵子龙勇护树王,得其

北程村雪梨园

神力，终为名将。此数者相传久远，固不可考矣。延至明季，乔中丞送雪梨膏，而刘鸿渐痼疾尽去，赞其为长生果。迨至清末，慈禧太后驻跸麒麟岗，县尊献秋梨，而后竟为贡品。于今中华万国来朝，而树王开枝散叶矣。春和景明，梨花烂漫。夏阳高照，硕果累累。秋高气爽，梨果飘香。冬风凛冽，冻梨犹存。四季风景迥异。

2020年，临城县羲和梨种植专业合作社正式成立，并加入河北电视台农博士在行动试验田，制定了58道产出工序，统一用药、统一技术管理，不喷施除草剂，全程人工除草，施用有机肥，自然成熟。

北程村雪花梨的含糖量属上品，还含有大量的蛋白质、脂肪、果酸、矿物质及多种维生素等营养成分。此梨除生食风味独特外，还可加工成梨罐头、梨脯、梨汁、梨干、梨醋、梨膏棒棒糖等各具风味的食品和饮料。目前北程梨已有梨干、梨膏等深加工产品，并以梨园文化为背景，制作了精美书签、鹅梨帐中香手链、梨木小擀杖等文创产品，深受消费者欢迎。

北程村雪梨膏制作技艺距今已有400多年历史。相传明代乔壁星访友刘鸿渐，赠予其雪梨膏制作秘方，选自然成熟优质雪花梨，秉古方，纯梨熬制，褐色，有焦糖味，微酸，可生津止咳，润肺清心，利肠解毒。现雪梨膏制作技艺已被评为临城县第六批县级非物质文化遗产。烘干的雪梨干去掉了即食的部分寒气，更便于保存，可用于煲汤或煮水喝，清润滋养。

企\业\品\牌

绿岭核桃

　　河北绿岭公司成立于1999年,在20多年艰苦坚实的发展中,始终发挥惠农扶贫带头模范作用,保持创新步伐,深耕核桃领域研究,现已成为全国唯一一家集优质薄皮核桃品种研发与繁育、核桃种植与深加工、核桃销售与生态休闲旅游为一体的一二三产业融合发展的现代企业。公司拥有绿岭薄皮核桃20万亩,苗木繁育基地2600余亩,是集约化优质薄皮核桃生产基地;现代化的深加工车间9个,共10万多平方米,建成了河北省核桃工程技术创新中心、河北省核桃工程技术研究院,先后荣获国家扶贫龙头企业、国家农业产业化龙头企业、国家太行山星火产业带薄皮核桃示范基地、国家农业标准化示范区、国家级核桃示范基地、国家林业重点龙头企业等100多项荣誉。

绿岭庄园

　　绿岭坚持走产学研结合的道路,先后与河北农业大学合作承担了国家科技部、林业局科技攻关项目4项,河北省科技项目12项,制定了薄皮核桃生产两个地方标准,成功选育出拥有自主知识产权的"绿岭"和"绿早"两个薄皮核桃新品种,多项科研成果达到国际先进水平,先后被国家质量技术监督局、国家林业局命名为早实核桃标准化示范基地。

　　在核桃种植方面,公司采用树、草、牧、沼"四位一体"的种养模式,树下养殖柴鸡,用杀虫灯杀虫,从模式上保证了核桃的绿色生产。绿岭核桃曾先后通过国家绿色认证、有机认证、欧盟有机认证。2011年9月,通过国家林业局领导多次实地考察,最终确定将首届中国核桃节举办地定在绿岭,将绿岭"标准化栽培、产业化发展"的成功模式向全国推广。

在深加工方面，公司坚持高起点、高标准建设与生产。通过了ISO 9000、ISO 22000和HACCP三体系认证、绿色认证，建有生产线10余条，可以生产加工烤核桃、烤核桃仁、核桃蛋白饮料、核桃油和枣仁派六大品类30多个单品。

公司始终根植于产品质量这块基石之上，品牌源自产品。绿岭烤核桃、核桃乳等产品原料以公司自有的有机基地为依托，生产环节可自主把控，从种植到加工均可追溯。绿岭核桃乳使用优质核桃仁为原料，采用国际领先"3-2-29工艺"，全程按照ISO 9001质量管理体系严格把关，执行29道质量控制程序，不添加香精、色素、防腐剂，保持核桃乳原有的香气，口感醇厚。产品特别添加磷脂，增强脑力。核桃中必需脂肪酸（EFA）比例最合理，亚油酸和α-亚麻酸比例为6:1。

在产品质量控制上，还积极采取国际标准，绿岭产品获得了"中华名果""河北省名牌产品"等称号，绿岭品牌被评为"中国驰名商标"。在2021年绿岭积极申报成为北京冬奥会坚果供应商，在冬奥会期间，绿岭提供核桃产品，荣获北京2022冬奥会供应商荣誉。

绿岭产品

企\业\品\牌

绿蕾科技

　　河北绿蕾农林科技有限公司成立于2003年,位于临城县山水大道北侧绿蕾科技园,是集核桃的种植、加工、研发、收储、营销为一体的核桃全产业链企业。公司基地被认定为国家级核桃示范基地、国家林下经济及绿色产业示范基地、河北省高新技术企业、河北省优质核桃农业创新驿站、河北省核桃深加工技术创新中心、北京2022年冬奥会和冬残奥会供应保障单位,公司种植薄皮核桃被认定为绿色食品和有机产品,公司加工的核桃油被认定为有机产品。

　　绿蕾科技为国家核桃油新国标'GB/T22327—2019'起草单位,并承担了国家"十三五"重点研发核桃油及核桃优质饼粕深加工关键技术研发与示范项目,其成果"核桃精准适度制油和副产品高值加工关键技术"被评定为整体达到国际先进水平。

河北绿蕾农林科技有限公司
Hebei Lvlei Agriculture and Forestry Technology Co Ltd

绿蕾科技与江南大学食用油首席专家王兴国教授团队、北京工商大学孙保国院士团队、河北农业大学全国首席核桃育种专家张志华教授团队开展合作,申请发明专利4项、获取适用新型专利11项、外观专利3项,在瑞士MDPIAG发表SCI/EI论文1篇、国内发表论文5篇,开发出核桃油精准制油工艺1套,新产品企业备案标准3个,绿蕾科技凭借和院士专家团队的精诚合作及自身研发团队的不断创新,已成为核桃产业研发领域的领军企业。为带动临城及太行山核桃产业的发展,使核桃产业真正能带动农民脱贫致富,公司投资建设了年产600吨特级核桃油生产线和3500吨浓香型核桃油生产线,300吨核桃蛋白棒车间也已调试生产,正常投产后年加工处理核桃原果2.5万吨。

绿蕾农林科技产品

绿蕾科技生产的特级核桃油不饱和脂肪酸含量高、酸价低，多酚含量高，维生素E、甾醇保留率达到≥95%以上，烟点高达240℃，在凉拌使用的同时，特级核桃油完全可满足煎炒烹炸等食用需求。其"核心为你"牌特级核桃油荣获第十三届IEOE中国国际食用油产业博览会优质健康粮油产品金奖、第十五届中国国际有机食品博览会优秀奖，产品品质已达全球领先。

绿蕾科技今后将继续加大投入，围绕构建集核桃种植、生产、加工、研发、收储、物流、销售于一体的核桃全产业链模式，以精深加工为核心，以核桃综合开发为目标，进一步创新产品和服务。在健康用油、健康中国上助力市场、服务大众；在产品品质过硬的同时，进一步加大产品宣传，拓宽销售渠道，让大众形成消费认知和消费习惯，打开营养油市场，

绿蕾农林科技产品生产线

为国人万亿级市场的"油瓶子"，增加新的品牌动力。同时，绿雷科技发挥省级核桃创新驿站和核桃深加工技术创新中心平台作用，带动农民稳步增收，实现核桃产业持续发展，积极助力乡村振兴。

企\业\品\牌

馋房板栗

邢台市板栗种植面积为66.11万亩,产量25581.32吨,产值为40930.11万元,主要分布在信都区、沙河市、内丘县、临城县。

其中信都区板栗栽植历史悠久,可以追溯到先秦时期,种植面积为55.80万亩。2002年信都区被国家林业局评为"中国板栗之乡",2020年邢台市信都区板栗被列入"河北省特色农产品优势区(第三批)"。当地板栗种植主要分布在将军墓、浆水、冀家村、白岸、路罗等乡镇,该区域土壤以片麻岩为主,富含矿物质,透气性好,尤其是山谷地带土质肥沃、土层深厚,有机质含量较高且无污染,适合板栗生长。该地域所产的板栗果皮呈红褐色,果质饱满,被浅腊质,底座小,形端正,烹熟后内果皮易剥离,口感鲜香甜糯。

板栗生产和出口代表性企业是邢台珠联食品科技有限公司,位于信都区浆水镇吕家庄村。公司主要经营范围为板栗和红薯加工,自有冷藏保鲜设施容量3500吨,年收购板栗5000吨左右,年加工板栗5000余吨,实现产值1.5亿元以上;小包装栗仁2000余吨,冰板栗2000余吨,其他板栗食品1000余吨(板栗饼、板栗饮品等)。公司注册生产的馋房牌板栗系列产品获得了良好的市场口碑和销量。

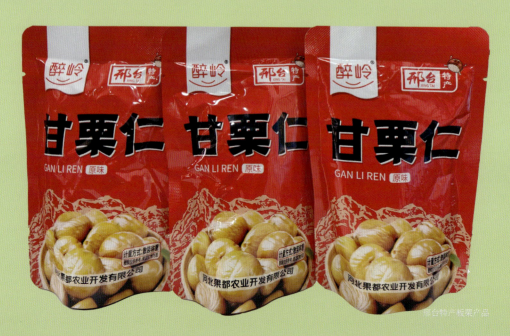

邢台特产板栗产品

企\业\品\牌

河北季澳食品

河北季澳食品有限公司成立于2015年3月,位于邢台市广宗县农业园区内。公司项目占地面积77亩,建筑面积22612平方米,现有职工274人。

公司以黄桃、草莓、杏、苹果、梨等果蔬类速冻加工及销售为核心,现拥有当前最先进的速冻生产线2条,可年产速冻水果1万吨。公司主要产品提供给蒙牛、伊利、光明、蜜雪冰城、安德鲁等供应商,并且公司还获得了农产品自主出口权,产品销往欧盟、日本、韩国等国家。在生产环节中,公司严格按照国际质量管理体系的标准运行,以此取得了欧盟国际BRC证书和国内HACCP证书,2021—2023年,公司连续被评为省级示范农业产业化重点龙头企业。

公司采用"公司+农户"的生产模式,带动黄桃基地周边贫困户179户。公司致力打造绿色有机食品,形成规模化、集约化、现代化的经营方式,全面满足市场及客户要求。2022年公司完成产值7000余万元,利税450万元。

河北季澳食品有限公司

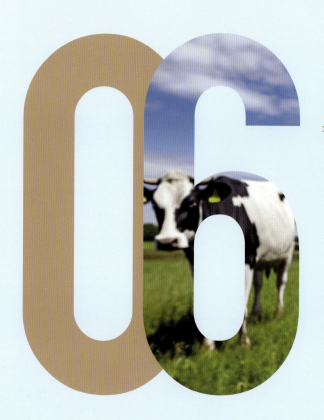

06

鲜活
好奶
XIAN HUO HAO NAI

企业品牌

君乐宝乳业

乐源君邦牧业

邢台君昌牧业

乐牛乳业

德玉泉乳业

再赋志宏千叶莺粟
（节选）

宋代·李纲

色空本是不二法，
何用自生分别耶。
更思崖蜜煮牛乳，
甘滑满瓯全胜茶。

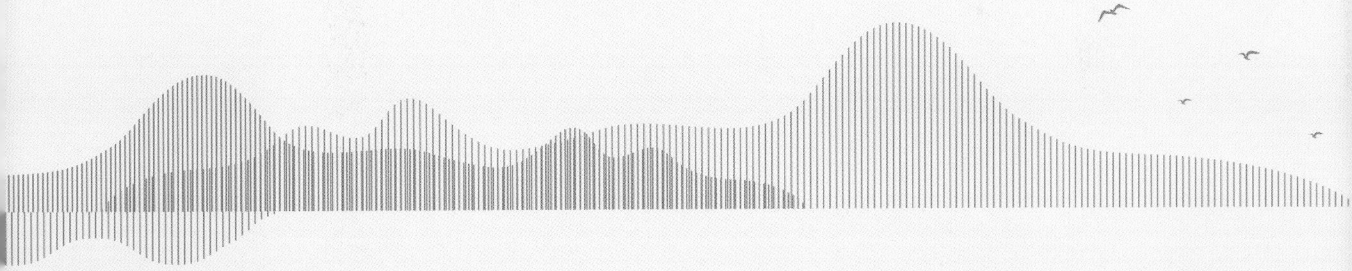

早餐一杯新鲜的牛奶，开启一天忙碌的工作和学习。很多人会猜测，中国人在古代喝不喝牛奶呢？

其实中国自古以来就有食用乳制品的习惯。牛奶是最古老的天然饮料之一，被誉为"白色血液"和"最接近完美"的食物，也是已知可以被人体吸收的安全食物。司马迁的《史记·匈奴列传》中有这样的记载："匈奴之俗，人食畜肉，饮其汁，衣其皮；畜食草饮水，随时转移。"这里面的"汁"大概就是所谓的奶。马可·波罗在他的游记中提到，成吉思汗的队伍长途行军时，携带干燥的白色粉末作为食物，这可能是奶粉的最早记录。

今天，牛奶已经成为中国人餐桌上的常客，除了纯牛奶外，酸奶、奶酪、奶片等各类奶制食品也是数不胜数。

喝牛奶,自然要选好的。那么,哪里的牛奶才好呢?很多人可能一下会想到——草原上的奶!殊不知,在邢台威县也有一个芳草碧连天的"大草原",那就是采用奶业全产业链发展模式,集牧草种植、奶牛养殖、生产加工、旅游观光于一体的威县乳业产业园区。

在这里,你可以领略万亩苜蓿种植,以及"牧场建在草场里,工厂建在牧场旁"的壮观景象。在这里,通过规模化种植、科学化管理、机械化耕作等高效生产模式,采取统一供种、统一施肥、统一耕种、统一技术、统一收割、统一销售全程标准化生产,以及引进优良品种,不仅解决了青储工艺,饲草品质也达到了国际标准,为产好奶奠定了坚实基础。

园区内的君乐宝乳业,是这里当仁不让的明星企业,自君乐宝乳业集团牵手威县以来,已累计完成投资50亿元,建成6个万头牧场、1个乳品深加工厂、2个家庭牧场,让

威县一跃成为全国知名的奶业强县。威县将以奶业突破加速推进乡村振兴,加快建成全省唯一、全国一流的高产奶牛育种创新示范基地,着力打造百亿级乳业产业集群和全国奶业振兴的"威县样板"。

为了推动全市乳业高质量发展,邢台市正集中打造以威县、宁晋县规模养殖示范基地和威县乳品加工基地为主的农草牧、种养加相结合的奶业聚集区。2023年,全市奶牛存栏达到13.3万头,奶牛平均单产突破9吨,生鲜乳产量43.03万吨,生鲜乳质量抽检合格率保持100%,全产业链产值达11亿元。全市现有奶牛养殖场54个,其中500头以上的牧场38个,万头以上高端奶牛牧场6个。

一条由中商艾禾、君昌牧业、君乐宝乳业、乐牛乳业等共同组成的奶业全产业链条正在通过强链、延链不断做大做强。

君乐宝乳业

　　冬日的华北平原一望无垠，天高云低，有一种静谧的美感。在君乐宝牧场，奶牛悠闲地吃着饲草，奶粉生产工厂内一罐罐奶粉经传送带，由机械手臂自动装箱码垛，一切有条不紊地进行着，透过玻璃窗可以看到，远处一群"黑白花"的奶牛正悠闲地卧在牛舍里反刍。到了挤奶时间，圆形转盘为每一头奶牛隔开一个个隔间，工作人员对奶牛乳头进行药浴后，奶牛们"排队"走上转盘，开始自动挤奶。

　　"整个过程是负压状态下模拟犊牛吸奶的动作将牛奶挤出，而不是依靠压力。挤完后针孔挤奶机自动脱落，不会造成过度挤奶。"厂区负责人介绍说。挤奶后，工作人员还会为奶牛进行后药浴，这样可以保护乳头，减少疾病。

　　奶牛们有序离开的同时，刚挤出的鲜奶也经过转盘中间的不锈钢真空管道直接输送至生产车间了。从挤奶到加工，仅需2小时，直到消费者打开包装，原奶才第一次真正接触到外界空气，这一模式也被业内专家评价为"做到了极致"。

　　作为国内具有代表性的乳品企业之一，君乐宝乳业集团于2023年发布科学战略"科学营养、鲜活力量"。这一新战略标志着君乐宝迈入科学营养新阶段。多年来，君乐宝基于全产业链一体化模式和"四个世界级"模式不断对乳制品安全和品质把控进行深耕，而伴随此次科学战略的发布，"四个世界级"模式升级为"六个世界级"模式，包括世界级的育种、世界级水平的研发、世界级先进的牧场、世界级领先的工厂、世界级一流的供应商和世界级的食品安全管理体系。

2021年，君乐宝投资5亿元打造了奶业创新研究院，此次科学战略发布会后，将升级为科学营养研究院。依托这个世界级研发平台，君乐宝不断强化全产业链科技实力，以科学育种中心、科学生态草场、科学营养牧场、科学绿色工厂、科学质检中心、科学营养研究院的全方位科学布局为君乐宝的创新发展提供强劲支撑。

"聚源头、抓核心"实现产业突破。

奶业作为国民健康的支柱型产业之一，需要通过科技创新满足产业和消费者需求的不断升级。君乐宝聚焦产业源头和核心技术，将科学技术与种植、养殖、加工等奶业全产业链的各个环节深度融合，打造全球化、世界级的科技研发平台，为全年龄段人群提供健康升级解决方案。

君乐宝产品海报

　　君乐宝从源头抓起，自建牧草种植基地面积达50多万亩，并与中国农业大学等相关单位合作，聚焦品种改良、收割、贮存等方面开展技术攻关，不断提升草场牧草种植效率和品质，为生产高品质产品打好基础。

　　奶牛育种被喻为奶业发展的"芯片"。2021年，君乐宝进军奶牛育种领域，已拥有国内种公牛站、美国的全资子公司爱森科技、核心育种场和胚胎移植示范场等育种机构，年产能5万枚的胚胎实验室也已投入使用。"爱森科技现拥有19头优秀种公牛，年产顶级胚胎500枚，有5头种公牛进入全球前200名。"爱森科技的资深育种工程师汤姆·默库罗博士介绍道。

　　此外，君乐宝不断整合海内外科研资源，优化科技创新生态，先后与众多国内外高校及科研院所形成密切的合作关系，逐步形成以益生菌菌株自主开发、母乳研究及婴幼儿营养研究、新产品开发为核心，多学科整合和多方位联合的产学研一体化研究模式，为君乐宝集团科研技术发展提供更多平台资源。

打造绿色科学产业链，推进可持续发展。君乐宝一直从环境、社会和公司治理等多维度推动企业经营的可持续性，提高对社会的贡献。

君乐宝一直以来坚持打造绿色科学产业链，以绿色科学理念指导产品创新，并落实到产业链的各个环节，加速低碳转型。

通过将第一产业、第二产业、第三产业相融合，君乐宝打造了"田种草、草喂牛、牛产奶、粪还田、沼气发电"的生态循环产业链。

同时，君乐宝将奶牛产生的粪污进行收集处理，产生沼气、沼液和沼渣，沼渣用于回填，沼液作为有机肥替代化肥，减少对土壤的破坏，维持草场的生态平衡。2021年，君乐宝的草场消化沼液有50万立方米，改良牧草种植土地3万亩。君乐宝在威县四牧的粪污无害化处理和资源化利用项目每年可发电1000万千瓦时以上，实现并网供电。

君乐宝乳业集团威县公司

此外，君乐宝还与全球供应商一起践行绿色发展理念，包括绿色工厂、绿色采购、绿色物流、绿色能源等，以可持续发展理念推动经济效益、社会效益和生态效益相统一。君乐宝一直坚信履行社会责任是企业成长的最佳路径立足将ESG理念融入企业基因的良好实践，君乐宝已成功探索出一条以生态优先、绿色发展为导向的高质量发展之路。

未来，君乐宝将坚持ESG发展理念，探索形成乳制品生产企业的绿色发展模式，树立乳制品行业的"绿色"标杆，为行业发展起到示范引领作用。

为了让广大公众见证国产奶粉的世界级品质，君乐宝全面开放牧场、工厂，供消

费者参观，让消费者、专家、媒体等社会各界近距离参观奶牛养殖、奶粉生产加工的全过程，了解国产奶粉的工艺技术。经过不懈努力，君乐宝代表国产乳企实现品质跨越，成长为双循环格局下的优秀民族品牌代表，并展现出领跑行业的潜力和持续稳健的增长能力。

君乐宝表示，以科学发展赋能全产业链，强化产业自有自控力和韧性，都是为了赢得在全球科技竞争场上的主动权。无论是全产业链一体化布局，还是以科学为动能引擎，都将是企业长期的坚持和坚守。

君乐宝产奶车间

乐源君邦牧业

在世界上存在一种速度,叫中国速度;在邢台也存在一种速度,叫威县速度。

一座总投资超过5亿元,占地1000亩的万头奶牛牧场,从开工建设到正式投产,只用了5个月的时间,实现了当年建设当年投产的威县速度。这就是乐源君邦牧业威县有限公司君乐宝乳业的全资子公司河北乐源牧业有限公司在威县建设的第二座万头牧场。

高起点是威县速度的总体要求。项目按照高效型、生态型、旅游型、标准化、现代化的标准牧场进行设计建设。场区采用动静分离的布局方式,明确功能分区,理顺区域之间的关系,做到布局紧凑,空间宜人,流线明确。无论从总体布局到各功能分区,都立足于充分吸收国内外现代化养殖场建筑设计的新理念与布局,使本项目达到国内领先国际一流的水平。人在画中,牛在风景中。

系统长期的遗传改良工作是奶牛业发展的根本动力,如不加强选育工作,奶牛会因自然选择而退化,所以奶牛育种利在千秋。乐源君邦牧业自投产时就设有DHI数据库(Dairy Herd Improvement,奶牛牛群改良)。通过个体产奶牛的数据测定(乳成分和体细胞)和牛群的基础资料分析,了解现有牛群和个体牛遗传进展、产奶水平、乳成分、乳腺炎以及繁殖等情况,从而对个体牛和牛群的生产性能和遗传性能进行综合评定,找出奶牛育种和生产管理上的问题,以便及时解决。DHI是一项基础性工作,也是奶业迈向现代化的必由之路。

河北乐源牧业威县第二牧场

河北乐源牧业威县第二牧场

　　奶牛吃得好，营养要均衡。牧场饲养工艺采用国际现代化标准——TMR全混日粮。这是一种根据牛群营养需要，将切短成3厘米左右的各种粗料、精料、矿物质、维生素、添加剂和其他饲料在饲料搅拌车内按比例混合，充分混匀，并调整成含水量在45%左右的日粮，再由发料车发送日粮的一种先进饲养技术。这种技术可以减少奶牛消化和代谢疾病，而且发挥奶牛的产奶性能，提高繁殖率。利用TMR技术饲养的奶牛可自由采食，不必在挤奶间喂精料，从而可减少灰尘污染，对鲜奶的卫生更有利。TMR比精粗料分饲的纤维水平低，减少了奶牛产奶期的体重损失，维持了奶牛的体况，采食的日粮浓度更高，有利于受胎。牧场还设有发情监测系统、乳房健康监控、奶牛采食监控，使得奶牛生产管理完全信息化。

　　牛舍不仅需要物理的温度，也需要心灵的温度。为了让奶牛每天都有好心情，牧场为奶牛建造了舒适的牛舍。牛舍采用世界最先进的低断面横向通风牛舍设计（LPCV牛舍，国内又称空调牛舍、恒温牛舍），保温性能及通风效果好，提高了奶牛的舒适度。舒适的环境有利于奶牛生产优质的奶。挤奶设备采用当代世界领先水平的转盘挤奶台，具有挤奶自动计量系统，可大大提高生产效率。牧场现存栏牛只均为国外进口，采用美加系优质冻精进行良种扩繁。先进设备、科学饲喂、严格管理，牧场单产已达41千克，处于国际领先水平，日产鲜奶200余吨，获得农业农村部颁发的"奶牛标准化示范场"荣誉，各项指标均优于欧盟标准，是君乐宝乳业的优质奶源基地。

藏区牧民有一项传统，牛羊的粪便必须收集起来用于烘烤。这里的奶牛粪便也无需特殊处理，全部放进沼气锅炉，沼渣用来生产有机肥，后可用于种植有机果蔬及牧草，形成大农业循环经济，实现无污染零排放。这种方式，可新增就业岗位，就地消化秸秆，带动当地种植业，推动饲料加工、运输业等相关产业的发展。

乐源君邦牧业有限公司坚持诚信、优质、高效的经营方针和以人为本、科学管理的经营理念，把万头奶牛标准化养殖基地项目建成一个集优质奶牛饲养、技术培训、生鲜乳生产为一体的奶牛产业化养殖基地，使之成为华北地区优质高产奶牛科技示范基地和君乐宝高端乳制品生鲜乳供应基地。

乐源牧业乳品生产车间

邢台君昌牧业

8月的早晨,华北平原已经有了秋天的气息。君昌牧业的工人一早便开始忙着割草、搭配饲草、给牛喂食。这是位于威县侯贯镇前郭固村的君昌牧业,一家种养结合的标准化家庭生态农场。

党的十九大报告提出,要培育新型农业经营主体,健全农业社会化服务体系,实现小农户和现代农业发展的有机衔接。在现代社会,"家庭农场"成为两者衔接的有效载体。

近年来,食品安全成了人类关注的一个问题,吃得健康是每个家庭的希望。绿色有机食品成了人们餐桌上的香饽饽。在威县,君昌牧业这样的标准化家庭农场,成了"绿色有机食品"的采集地。这家农场占地200亩,奶牛存栏2000头,配有种植园、采摘园,是一家真正做到生态养殖、绿色种植、种养循环、旅游观光一体化发展、规模化经营的特色综合农场。一到周末,城市里的家庭组团前往这里亲近自然。

步入君昌牧业,我们感受到了现代化的奶牛养殖。奶牛饲养完全采用进口牵引式自动TMR(全混合日粮)搅拌机饲喂,按牛群每天所需要的营养物质(包括蛋白质、纤维素、各种矿物元素及维生素等)制成科学的营养配方,将全株玉米青贮、干草、优质精饲料等在TMR搅拌车内进行切割、混合后,直接投放到相应的饲喂通道内,供奶牛自由采食。TMR日粮能有效提高奶牛的采食量,保证饲料营养成分均一稳定,有利于奶牛的健康和生产性能的提高。

在这里,2000头奶牛每天产的粪便污水大约有70多吨,为了污水处理,君昌牧业想尽了各种办法,为了环保能达标,农场现有种植、养殖方式遵循自然规律和生态学原理,做到低投入,最终选择引进开放式通风形式牛舍,舍内采用先进的散栏式饲养方式,奶牛可以自由采食。养殖场配有自动卷帘、自动刮粪板、自动牛体刷、自动风扇和喷淋、四季恒温饮水槽等设备,极大地改善了奶牛养殖环境,最大限度地保证奶牛的舒适度。

邢台君昌牧业鸟瞰效果图

对于全群奶牛管理而言，减少一切会给奶牛带来应激的行为是君昌牧业规划之初就考虑到的问题。为此，牧场引入了以色列进口2×30位并列式挤奶机，可实现牛自动分群、在位识别、挤奶仿生按摩、自动计量、自动脱杯与清洗等功能，能够有效保证奶牛健康，最大限度减少人为干预所引起的奶牛应激。

据牧场负责人介绍，智能化牧场就是通过智慧化、数字化的管理，从每一处细节为奶牛打造幸福生活，让奶牛住得更加安心与舒适，同时依靠高精尖技术，尽可能减少人员操作的痕迹，让奶牛真正回归到"自然"的一种状态。

牧场致力打造健康高产长寿的牛群。"健康、高产、长寿"，短短的6个字背后，考验的不仅仅是牧场整体的管理水平，更是对奶牛饲喂、营养、育种等一系列环节精细化管理的展现。如何将牧场中的全群奶牛的性能优势发挥出来也成为牧场未来发展的关键问题之一。在牧场负责人看来，数据最有说服力。"我们将基因组检测技术引入到牧场当中，通过基因组检测，梳理每头奶牛的基因组数值，然后通过这些数值，再将牛群划分为核心群、生产核心群、生产群以及改良群。针对不同牛群的基因组数据，可以开展胚胎移植技术，将我们的核心牛群发挥出最大优势。"

公司项目达产后，将建成单产15吨以上的高产纯种荷斯坦奶牛育种核心群，每年生产奶牛性控或性别鉴定体内外胚胎2万枚以上，生产优质鲜奶1.5万吨以上，年产值达1亿元以上。同时，公司还成立了河北省牛产业技术研究院威县分院，每年承担国家省市科研项目3~5项，新技术推广项目5项以上；培训技术骨干100人以上；增加优质奶牛后代1万头以上，社会效益和生态效益显著。

乐牛乳业

"尽享自然,畅饮鲜活!"君乐宝悦鲜活鲜牛奶,源自纯净的牧场,每一口都是大自然的馈赠。鲜乳经过严格的挑选和处理,保留了最纯正的味道和丰富的营养。京津地区的消费者对君乐宝悦鲜活鲜牛奶很熟悉,每天早晨,喝一杯君乐宝悦鲜活鲜牛奶,迎接充满活力的一天。可是,您知道悦鲜活鲜牛奶是哪里生产的吗?

悦鲜活鲜牛奶唯一的生产基地在威县。威县乐牛乳业有限公司是由威县人民政府按照资产收益模式建设的国家扶贫项目,其经营权管理权隶属君乐宝乳业集团有限公司。作为君乐宝的全资子公司,威县乐牛乳业同时是君乐宝在河北省学生奶生产基地,并在教育部直属高校食堂开设了示范窗口。与君乐宝其他子公司略有不同,乐牛乳业的主要产品为学生奶、白小纯和巴氏奶三大类、几十个品种。学生奶、白小纯、悦鲜活等8条生产线已经满产运营,鲜奶产品本地加工转化率达52%。

"好奶源出好牛奶",这是乐牛乳业对君乐宝产品理念的一贯秉承。乐牛乳业坚持使用优质认证的原料奶,采用黄金时间收割的牧草喂养奶牛,确保奶牛的天然喂养;奶牛智能项圈可以精准识别每头奶牛的身体情况,确保奶牛的科学喂养;只有奶牛健康,奶源品质才够好。公司拥有从瑞典等国家引进的国际一流的生产设备,实现了管道化、自动化、密闭化、标准化,首创全产业链条模式,实现零距离一体化,从牧草种植、奶牛养殖、生产加工零距离一体化,产奶到加工在2小时内完成,上方300米的储奶仓到生产车间的管道确保挤出的鲜奶及时输送到工厂加工,安全高效,最大程度地保留了营养因子。

威县乐牛乳业有限公司生产车间

　　在消费升级的驱动下，中国乳制品行业已逐渐由规模增长向消费升级转变。除了产品形态愈加多样化，消费者对于产品的诉求也在不断分化演变，由"喝上奶"转向"喝好奶"。牛奶是人类最接近完美的食物，然而只有鲜奶才能保存牛奶最精华的营养价值，"锁鲜"便成为乳企的重要目标。保证牛奶的"鲜活"，需要高科技支持。乐牛乳业前处理车间总体采用瑞典利乐公司设计安装的全自动化生产系统，主要设备包含巴氏杀菌系统、RO膜过滤、投配料防错系统、瞬时杀菌系统；SPX0.09秒杀菌机、无菌罐，其中RO膜过滤、SPX0.09秒杀菌机采用世界领先技术，最大程度地保障牛奶的营养价值。灌装车间采用瑞典利乐、德国克朗斯、意大利威派克等国际一线设备生产制造商，保证了产品全程无菌灌装，从技术层面最大程度地保障了食品生产安全。"鲜牛奶中的活性蛋白含量是决定牛奶营养价值和品质分级的重要指标。"农业农村部食物与营养发展研究所所长王加启曾表示，"牛奶中的活性蛋白包括乳铁蛋白、α-乳白蛋白、β-乳球蛋白等，具有提高免疫力、改善睡眠等诸多有益功效。"他认为，"鲜活"才是未来中国乳业品质升级的重要方向，这正是威县乐牛乳业的发展方向。

　　"乳业高质量发展"是近些年乳业行业的热词，也是每个乳企的不懈追求。为了实现高质量发展，乐牛乳业的母公司君乐宝首创了两个模式：一是率先推出全产业链生产模式，即牧草种植、奶牛养殖、生产加工全产业链一体化生产经营模式，从而确保产品安全放心；二是首创"六个世界级"模式，即用世界级的育种、世界级水平的研发、世界级先进的牧场、世界级领先的工厂、世界级一流的供应商和世界级食品安全管理体系，确保产品的高品质。秉承母公司君乐宝的发展理念和模式，威县乐牛乳业将继续用心做好牛奶。好牛才能产好奶，好工厂才有好产品。

德玉泉乳业

河北德玉泉乳业有限公司始创于1986年，前身是邢台市桥西钢北乳品饮料厂。那一年，沐浴改革开放的春风，邢台两位青年拼凑出8000元，在自家宅基地盖起200平方米的厂房，开启了艰苦的创业路。历经30余年披荆斩棘，后辈接过了前辈的火炬，两代德玉泉人拼搏奉献，终于将德玉泉建设成为以乳制品生产制造为主，集研发、生产、销售为一体的现代科技型企业。公司现已成为河北省最大的巴氏奶生产基地、河北省最大的乳制品代加工生产基地，还是河北省继君乐宝之后，又一家同时拥有液态奶证和奶粉证的乳制品企业。

德玉泉品牌，象征着德玉泉企业立足的三种特质："德"代表品德，是德玉泉处世之本；"玉"象征质量第一，是德玉泉的立业之基；"泉"象征对消费者全心全意，是德玉泉的发展之源。德玉泉自成立以来，坚持以匠心打造优质产品，从原料保障、生产控制、终端销售进行全过程质量管控，致力于为消费者提供新鲜、美味、健康、安全的乳制品。在"全面振兴中国乳业"的国家战略下，德玉泉以年轻科技人才为骨干，组织专业技术人员成立了产品研发中心、质量管理中心和营养工程研究中心，不断在新技术、新工艺、新产品等开发领域稳健拓展，全面提升企业乳品生产加工能力，成为保障人民营养健康的重要助力。

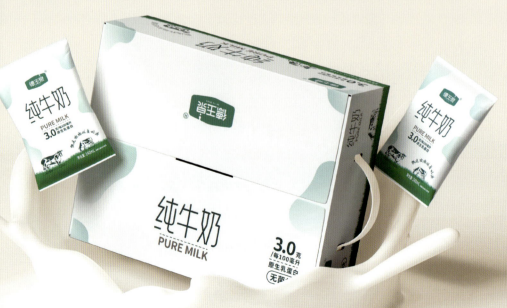

优质的奶源是优质产品的基础, 也是乳业发展的根基。德玉泉深知只有大力开展牧场建设, 通过集中饲养和统一质量控制, 保证奶源的质量和安全, 从而确保乳业振兴计划落到实处, 推动中国乳业进一步健康发展。

2022年10月22日, 河北德玉泉牧业有限公司与河北澳鑫牧业有限公司并购签约仪式隆重举行, 此次并购是德玉泉向优质牧场推进的第一步, 牧场现已拥有奶牛存栏2300头。根据《河北省奶业振兴实施意见》中提出集中打造三大奶牛养殖集聚区的指示要求, 成立河北德玉泉牧业公司, 建立智慧牧场集群, 采用机器人挤奶, 运用5G技术、数字技术, 集智能智慧于一体, 打造高标准、智能化的生态家庭牧场集群, 从源头确保牛奶质量安全。

该项目分四期建设, 预计5年投资20亿元, 共计建设奶牛智慧牧场10座。项目建成后, 预期年均可产鲜奶15万吨, 供应肉牛7000头, 实现销售收入8亿元, 改良农田10万亩, 带动400人就业, 对信都区的生态效益、社会效益及经济效益有积极作用。

新工厂、新发展、新未来。河北德玉泉乳业有限公司将以"不忘初心·牢记使命"的信念, 认真贯彻习近平总书记对奶业发展所作出的一系列重要指示精神, 认真落实奶业振兴保障乳品安全的意见, 为河北省委、省政府提出的共建奶业示范省的目标做出贡献, 用"泉心泉意, 为民初心"扛起奶业振兴的旗帜。

德玉泉乳业产品

07

六畜
liu xu xing wang
兴旺

区域公用品牌

威州牛肉

企业品牌

健加乐鸭业

牧原农牧

千喜鹤肉类

优食达太行鸡

蒙羊食品

争创集团

赵圃腌肉

佳牧和食品

和城卢氏带鳞酥鱼

贫居时一肉食尔戏作

宋·陆游

身老便居僻，山寒喜屋低。

时犹赖僧米，那惜贷邻醯。

汤饼挑春荠，盘餐设冻齑。

怪来食指动，异味得豚蹄。

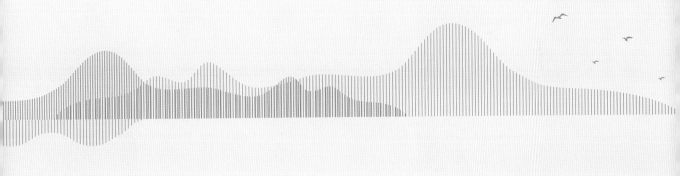

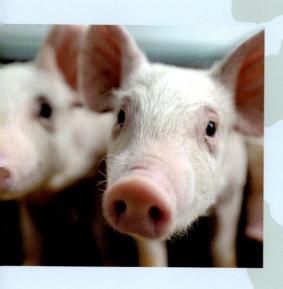

远古时期，祖先们便根据生活需要和对动物的认知，先后选择了马、牛、羊、鸡、狗和猪进行饲养驯化，经过漫长的岁月，这些动物逐渐成为家畜，这就是"六畜"的来历。

《周礼》为六畜排序，马、牛、羊被划分为上三品，鸡、狗、猪为下三品。因为马和牛是人们生产生活中必不可少的帮手，所以"位份"更高。古时候，马是战争和交通的重要工具，又是肉食品的重要来源之一，属于战略物资，重要性不言而喻。牛性格温顺，再加上力气比较大，是人们生产劳动中不可或缺的好帮手；羊性格温顺，象征着吉祥如意，祭祀时羊又是第一祭品，羊又因"跪乳之恩"而受人尊敬，所以它也属于上品。鸡犬猪为杂食动物。猪是人类非常重要的肉食品来源；鸡在农业时代的家庭经济中，起到拾遗的作用，雄鸡能司晨报晓；狗是人类驯化饲养的最早家畜之一，它虽忠心但容易惹事儿，所以地位自然也没有那么高。

六畜各有所长,在悠远的农业社会中,为人们的生活提供了基本保障。它们全都被选入十二生肖中,世世代代与人和平相处,已是人们生产生活的好伴侣。

所以,"五谷丰登、六畜兴旺",也成为人们美好的愿望和期盼。

在科技发达的今天,马不用战、牛不用耕、羊不用祭,更多的是满足人们肉食的需求。现代营养学讲究均衡,肉类虽然居辅助位置,但却必不可少。中国人口基数大,对肉类的总量需求也大,因此畜禽养殖成为一个地区产业发展的重要参数。

近年来,邢台市以生猪、蛋鸡、肉禽业养殖为重点的畜牧业增长迅速,尤其是肉牛养殖,发展势头强劲,已经成为畜牧产业新的增长点。为践行生态发展理念,在畜禽产业化进程中,邢台市大力推动畜禽生态养殖,并把发展畜牧业与美丽乡村建设相结合,加快构建种养结合、农牧循环的可持续发展新格局,着力开展标准化规模养殖建设,由"畜禽良种化、养殖设施化、生产规范化、防疫制度化、粪污无害化"向"生产高效、环境友好、产品安全、管理先进"方向提升,持续推进畜禽绿色标准化养殖示范创建活动,畜禽养殖标准

化水平逐步提升，现代养殖体系建设取得了显著成效。2023年，全市生猪年出栏达到280万头、蛋鸡存栏2920万只，肉类产量达36万吨、禽蛋产量达46万吨，畜禽养殖业产值达到175亿元。

在新河县、广宗县、宁晋县、南宫市等生猪养殖重点县，生猪存栏达到全市存栏总数的70%以上。千喜鹤冷鲜肉主导省内及周边市场。太行鸡、大午金凤等优良特色品种得到有效推广，天凯、郝司令等品牌鸡蛋产品覆盖北京及本地周边市场、连锁超市。

未来，邢台市将依托畜禽资源优势，大力发展肉品精深加工产业。一是提高原料肉加工比例，做强肉品产业，最终形成从养殖、屠宰到加工的产业集群。二是提高副产物利用水平，变废为宝，促进农产品资源的循环利用，实现邢台畜禽加工业的可持续发展。

沿着"六畜兴旺"的路子，从六畜兴旺到产业兴旺、再到乡村振兴，深藏于内心的美好愿望，正在这里一步步变为现实。

威州牛肉
WEIZHOUNIUROU

田家词

唐·元稹

牛靿咤咤，田确确，旱块敲牛蹄趵趵。

种得官仓珠颗谷，六十年来兵簇簇，日月食粮车辘辘。

一日官军收海服，驱牛驾车食牛肉，归来攸得牛两角。

重铸锄犁作斤劚，姑舂妇担去输官，输官不足归卖屋。

愿官早胜仇早覆，农死有儿牛有犊，不遣官军粮不足。

踏入河北省威县赵村镇地界，随处可见奶牛元素：一个个洁净美丽的小村，街边墙上绘满了牧场主题的宣传画；田野里种的优质苜蓿，头茬正在收割；公路旁的公交站牌，路标指示着各个牧场和加工配套企业的位置。这是威县以畜牧产业为主导的一个缩影和鉴证。

邢台威县，以万亩梨园、冀南棉海驰名，还以畜牧养殖声名远播，威县有养牛的传统。威县是邢台地区回民人口最多的县，在聚集区肯定会吃到最正宗的牛羊肉。威县至今仍保存着一座始建于元代的清真寺，由时任威州知州王伯大携黄阿訇所建，是邢台市重点文物保护单位。每逢开斋节，各种牛羊肉美食琳琅满目。随着各民族融合的加快，回民积累了上千年的养牛技巧，逐渐传播到周围村落。

牛肉甄选，味在威州。威县地处北纬37°，属暖温带大陆性半干旱季风气候区，年平均气温为13.1℃，平均降水量574.3毫米，适宜饲草种植和肉牛生长，是肉牛养殖产业发展的沃土。近年来，该县按照"农牧循环、规模养殖、龙头带动、链式发展、联农带农"的基本原则，大力培育扶持标准化、规模化肉牛养殖企业群体。2023年，全县拥有市级以上标准化畜牧业示范场10家，其中省部级示范场6家，畜牧业(奶业)标准化生产水平位居全省前列。同时，县里配套种植苜蓿、青贮玉米等饲草作物17.5万亩，全年可收贮各类优质饲草40万吨；年产5万吨的现代化饲料加工厂即将投产，为肉牛产业高质量发展保驾护航。

威县牛肉礼盒

品种选育是威县肉牛饲养持续稳定发展的先决条件。选用的本地优质黄牛，吃草放养长大，自然不催肥。同时，在全球十几个肉牛品牌中，威县引进了西门塔尔等优质肉牛品种，肉质富有弹性，大理石纹理的脂肪细致，口感丰富，咀嚼感好。威县聘请养牛专家"传经送宝"，同时与高校科研机构合作，通过冻精冷配、胚胎移植等技术，研发出不同肉牛在不同生长阶段的饲料配方，从原始养殖业迈向了高端肉业。

肉牛饲养需要温情。很多外部因素都会影响肉牛的饲养，如养殖场的气候状况及其周边环境都对牛肉的风味有影响，甚至养殖户对肉牛的关注也能影响牛肉的品质，因为肉牛对外界的压力很敏感。炎炎夏日，走进威县牧场的横向通风牛舍，顿时感觉凉爽，牛群或悠闲散步，或在铺有锯末的卧床上静卧，温度计显示牛舍室温是25℃。据当地负责人介绍，牛舍两侧一面是风扇强制通风，一面是水帘降温。牛舍里夏季降温、冬季保温，让牛能够始终处在恒温的环境中，比较舒适地进食和休息。

在当地养殖户看来，牛可以跟人互通情感。肉牛养殖要做到用心去关心牛，这样才能做到"健康的牛产健康的肉"。在威县，肉牛的生活可以用"惬意"来形容，这里全部实行全混合日粮饲喂，即根据不同类型牛的需要，把精饲料、干草和青贮饲料按照不同比例搭配。饲料要换样吃，添加小苏打、麦麸、食盐等，通过TMR饲料搅拌机磨制成易消化吸收的全混合日粮，每天定量投放。肉牛的粪污要及时清理。当肉牛出现不适时，要及时精心照料。"在外人看来养殖肉牛只是一份工作，但对我们而言却是一份毕生的事业。"一位养殖户说。在这些肉牛身上，他们倾注了太多的心血，牛身上的"黄白花"是他们眼中最美的画作。

威县牛肉礼盒

威县牛肉

随着现代科技的研发，威县肉牛养殖经历了规模化、标准化的过程，肉牛的屠宰也告别了老旧的原始办法，逐渐向国际标准看齐。经过产地检验、宰前检验、修整、称重等一系列环节后，排酸也是重要的一环。刚屠宰的牛肉不能直接供给商场，应当先让胴体排酸，把半胴体运入排酸间挂好，不能与地面接触，在24小时内室温降到0~4℃维持7天，让牛肉的pH上升，酸度降低。通过冷却排酸以后的牛肉，乳酸杂质逐渐消失，口感更好。排酸牛肉都是来自极度育肥的优质肉牛，营养价值比普通肉牛高，其牛肉柔软多汁，滋味鲜美，肥而不腻，瘦而不柴，容易咀嚼，便于消化。

2023年3月23日，邢台威县"威州牛肉"区域公用品牌发布会在石家庄市举办。这对威县肉牛产业发展提质增效具有标志性里程碑意义。

下一步，威县将持续在品牌建设上精耕细作，大力持续推进肉牛产业发展方式的转变，不断提升特色农产品的知名度、美誉度和竞争力。同时，进一步探索推广线上线下相结合的营销模式，推动优质牛肉产品拓展市场，迈向高端，全力把"威州牛肉"区域公用品牌打造成为引领产业融合、助力农业高质量发展、有效助力乡村振兴的闪亮名片。

健加乐鸭业

　　走进北方城市，在大街小巷总能看到北京烤鸭的招牌。逢年过节、走亲访友，或是周末放松、家庭小聚，北京烤鸭常常被放在餐桌正中心。烤鸭要好吃，烤鸭用的鸭子品种很关键。

　　在邢台，就有一家以养鸭为主营业务的公司——河北健加乐鸭业有限公司。健加乐鸭业以北京鸭和樱桃谷鸭为主营品种，绝大多数的北京烤鸭使用的正是这两个品种，而这两个品种还有着亲缘关系。北京鸭有400多年的历史，明朝初期迁都北上，漕运繁忙，船工携鸭捡拾散落稻米，将南方特有的小白鸭带到北京，久而久之，落户北京的小白鸭成为专一育肥的肉用型鸭种，其全身羽毛纯白，略带乳黄光泽，体型硕大丰满，体躯呈长方型，构造均匀雅观。樱桃谷鸭则是英国樱桃谷农场以中国的北京鸭和埃里斯伯里鸭为亲本，杂交选育而成的配套系鸭种。

　　宁晋县和新河县建有4个肉（种）鸭生产基地，共占地900余亩，当前饲养肉种鸭存栏60万只，年产商品雏鸭7200万只，无抗肉鸭年出栏350万只，是河北省目前存栏量最大的种鸭企业。

　　健加乐鸭业鸭苗销售覆盖冀中南、鲁西、豫北等地区，几乎占据河北省肉鸭销售量的半壁江山。健加乐食品（威县）以肉鸭食品初加工为主，年可屠宰毛鸭2750万只，平均每3个河北人共享一只鸭。鸭肉属于易腐食物，因此保证鸭肉的质量安全、发展鸭肉深加工、延长产业链条意义重大。根据发展战略和规划，健加乐鸭业当前已启动肉鸭智慧深加工生产线，这种生产线可以实现肉鸭从孵化、养殖、屠宰、加工生产到食品流通整体产业链的全程数字化、智慧化管理。管理平台包括未来牧场平台、智慧工厂系统、食品安全追溯系统三大板块。未来牧场平台可以实现对现有肉鸭养殖场内温度、湿度、负压、氨气浓度、二氧化碳浓度、光照等各种养殖过程数据的全程监控，精准控制内部环境，有效降低养殖风险，提高养殖效益；智慧工厂系统能够通过智能化的生产管理、库存管理、设备管理带动肉鸭产品的配置效率，有效提高产能；食品安全追溯系统可以通过肉鸭产品流通环节的全程数据监控，实现产品溯源，从而提升产品质量及品牌效应。

健加乐
JIANJIALE

健加乐鸭业还正在实施肉鸭—菜共生循环农业。这是一种生态养殖模式，韭菜地里不喷农药，这样种植出来的蔬菜绿色无公害。鸭菜共生的好处很多，发酵好的鸭粪是上好的有机肥料，能使蔬菜长得更好。有机菜地种养结合出产的蔬菜，绿色、有机、无污染。种养结合、一田双收的"新鸭路"，打开了一扇增收致富的大门，也为当地推进科技农业、绿色农业、品牌农业、质量农业注入了新的活力。

牧 原 农 牧

牧原食品股份有限公司是集约化养殖规模居全国前列的大型农业产业化国家重点龙头企业。公司始建于1992年,于2014年上市,主营生猪养殖与销售,主要产品为种猪、商品猪和仔猪。

公司具备完整的上下游产业链,包括上游的饲料加工、选种扩繁;中游的养殖、屠宰;下游的物流商超销售,或制成高低温肉制品,流入消费者手中。2016年牧原股份进驻京津冀区域,已在北京、石家庄、邢台、邯郸、衡水、沧州、张家口、唐山等地成立十几家全资及控股子公司。牧原食品在邢台共有4家全资子公司,分别为广宗牧原农牧有限公司、新河牧原农牧有限公司、宁晋县牧原农牧有限公司、平乡县牧原农牧有限公司。

宁晋牧原在宁晋县建设完成60万头规模的生猪养殖体系,投产14个养殖场。新河牧原在新河县建设完成68.7万头规模的生猪养殖体系,投产7个养殖场、1个年产30万吨的饲料加工厂。广宗牧原在广宗县建设完成64.85万头规模的生猪养殖体系,投产7个养殖场,1个年产40万吨饲料的加工厂。三家公司先后荣获国家级生猪产能调控基地、国家级非洲猪瘟无疫小区、部级畜禽标准化养殖场、省级畜禽标准化养殖场、河北省农业产业化龙头企业等荣誉。

3家子公司复制母公司的经营模式,经过多年发展,现已形成集饲料加工、种猪选育、种猪扩繁、商品猪饲养等环节于一体的生猪产业链。公司一体化产业链的经营模式能够将各个生产环节置于可控状态,在食品安全、疫病防控、环保运行、质量控制、规模化经营、成本控制等方面具有一定的优势。

公司自建立之初就把科技创新作为企业发展的基石,带领公司技术团队对猪舍设计持续创新研发,积累了大量技术与经验。公司智能化现代猪舍能够为猪群提供洁净、舒适、健康的生长环境。在确保动物福利的同时,现代猪舍能够减少劳动力投入,从而提高生产效率。

公司始终以终端消费者的消费需求为育种导向,以食品安全、猪肉品质、瘦肉率、繁殖力为主要育种目标,坚持价值育种。公司基于自有的育种场,开展大规模种猪生产性能测定、肉质测定、分子标记辅助选择和种猪遗传评估。通过近30年的选育与培育,形成了遗传性能稳定、一致性好、适应性强、综合效益好的种猪群。公司生产的二元母猪,在繁殖性能、生长速度、瘦肉率和胴体品质等方面可同时满足种用和商品用需求,形成了遗传性能稳定、杂交优势明显的独特轮回二元育种体系,为公司快速发展奠定基础,为种猪供应、生猪产能恢复提供了有力支撑。

公司在现有"玉米+豆粕"型、"小麦+豆粕"型配方技术的基础上,积极研发大麦、高粱、原料副产品等应用技术,实现对原料的充分应用;同时应用净能、真可消化氨基酸体系设计日粮配方,充分利用发酵氨基酸降低豆粕用量,不仅减少传统日粮对玉米、豆粕的依赖,也大幅降低了氮排放,对环境更加友好。公司根据原材料性价比及时调整饲料配方,有效降低饲料成本。针对不同品种、不同生理阶段的生猪,依据猪群生产性能表现,运用析因法设计动态营养模型,为猪群提供最适营养。通过变频混合技术,可根据猪群生长性能动态调整营养供给,实现一日一配方、精准供给营养。

公司通过与国内外主要粮商达成业务合作关系,积极多渠道扩充粮源,锁定原粮供应,降低风险。公司还围绕粮食产区进行供应链布局,积极探索创新农业生产模式和订单农业,提高公司对产区粮源品质的管控能力,构建采购生态。公司根据粮食市场行情变化趋势及时调整配方,采用灵活采购策略,进行不同品种间的原料置换,降低采购成本。公司依托专业的物流团队,整合资源,打通产销区关键物流节点,构建物流运输平台;拓展公铁海联运等多元化运输渠道,发挥规模优势,实现点到点运输成本下浮,降低整体原料采购成本。

公司对饲料加工、种猪选育、种猪扩繁、商品猪饲养等业务环节各项生产流程制定了一系列标准化制度和技术规范,建立了统一的技术、标准、装备、人员、管理工业化生产体系,推动了公司养殖技术进步和养殖生产效率提高。公司根据各养殖场区不同的运营阶段与饲养阶段,结合产品品质、生产效率、生产成本、盈利能力等因素,制定了科学的成本考核方案。

近年来,公司开始布局屠宰板块,目前已成立屠宰类子公司20多家,分布在11个省份,产能近3000万头,打开了育繁养宰销一体化战略发展新局面。2022年,公司持续在养殖场密集区域配套建设屠宰场,通过自养自宰的业务模式,将食品安全做到全程可知可控可追溯,保障食品质量与安全,向消费者提供更多优质猪肉食品。

千喜鹤肉类

在邢台几十家肉类企业中，千喜鹤肉类与众不同，因为它主营冷却排酸肉。冷却排酸肉是现代肉品卫生学及营养学所提倡的一种肉品后成熟工艺。动物被宰杀后，肌肉组织要经历一定的变化后再转化成适宜食用的肉，包括肉的僵直、解僵和成熟等。与凌晨宰杀、清早上市的热鲜肉相比，排酸肉在冷却温度（0~4℃）下放置12~24小时，使大多数微生物的生长繁殖受到抑制，肉毒梭菌和金黄色葡萄球菌等不再分泌毒素，肉中的酶发生作用，将部分蛋白质分解成氨基酸，同时排空血液及体液，从而减少有害物质的含量，确保肉类的安全卫生。与冷冻肉相比，排酸肉由于经历了较为充分的解僵过程，其肉质柔软有弹性、好熟易烂、口感细腻、味道鲜美，且营养价值较高。千喜鹤的排酸肉是河北省及周边省份部分城市生鲜猪肉市场上的主导产品，产销率达99%以上，销往河北、河南、山东、山西、湖北、安徽、浙江、上海等省份，市场份额不断扩大。

具备完整产业链是现代企业的必备要素。成立于2005年的河北千喜鹤肉类产业有限公司，在这次时代大潮中及时上船，将产品链延伸至生猪养殖、屠宰及精细分割、肉制品研发生产、物流配送、低温仓储及销售等所有环节，确保了生产全过程可控。公司还引进安全食品体系和HACCP体系，加强产品质量管理和加工管理，已通过安全食品认证、ISO 22000、ISO 9001和HACCP体系认证。

公司设备先进，全套引进德国伴斯生猪屠宰生产线，采用电脑程序化控制、三点式低压麻电、电磁感应式火焰燎毛及刨光、计算机称重分等定级、两段式预冷排酸、同步检验等先进工艺；全套引进韩国好考克分割生产线，采用电脑控制化自动上盒系统。

新希望集团是伴随中国改革开放进步和成长的民企先锋。在多年的发展中，新希望集团连续十几年位列中国企业500强，创造了显著的社会价值与商业价值。公司作为新希望北方生猪产业链中的一环，有序打造从种猪饲养、兽药服务到屠宰销售的产业链，拉动河北省邢台市及周边县市的养殖业种植业发展。新希望六和产业链中的饲料厂在河北省内有4家，在衡水建设种猪繁育基地3处，同时拉动邢台地区规模养殖场150多家，共计带动4000多户农民养猪。在集团总部发展准则的引导下，千喜鹤公司已在邢台、衡水、石家庄、邯郸、保定、济南、德州、淄博等地区开辟肉食品连锁店近3000家，间接拉动种植、饲料加工、兽医兽药、物流配送、商业连锁等关联产业，为社会经济发展、解决农民就业、促进农村致富、构建和谐社会、建设社会主义新农村发挥了积极作用。

千喜鹤肉类凭借其质量赢得了社会的认可，公司2017年被评为河北省名牌产品、河北省质量效益型企业，2019年被评为国家重点龙头企业，2020年被评为国家级生猪屠宰标准化示范场，2021年被评为河北省专精特新中小企业。

千喜鹤肉类产品

优 食 达 太 行 鸡

在河北沙河一座海拔800米的山顶上，一栋栋"小别墅"格外显眼，"别墅"外有成群的鸡，正在山地草丛间尽情撒欢儿……这群"别墅鸡"其实是河北优食达农业科技有限责任公司散养的"太行鸡"。它们之所以有如此高规格的待遇，要得益于"优食达"对产品的高标准、严要求。2006年，公司在沙河市西部太行山筹建了这座近5万亩的标准化生态蛋鸡养殖基地，配套300万只太行鸡，专注于生产生态有机的土鸡蛋和土鸡。

太行鸡又称河北柴鸡，已有8000多年的养殖历史，主要分布在河北省境内邯郸以北、涞源以南的太行山区及周边等地，以产蛋性能为主，兼作肉用，是一个蛋肉兼用的品种。2015年，"太行鸡"通过农业部品种审定，被列入国家畜禽遗传资源保护名录，填补了河北省蛋鸡和肉鸡的地方品种空白。也正是因为它体型小、耐粗饲、抗逆性强、适应性强等特征，让公司开启了"养殖太行鸡"的道路。

自有800米山顶农场　　欧盟标准福利鸡舍　　太行鸡·国家畜禽遗传资源保护品种　　自由觅食山间虫草　　饮用天然山泉水　　十道安检达可生食标准　　设计专利/权威检测　　无腥味/不噎嗓

太行鸡
国家畜禽遗传资源品种

收录于《国家畜禽遗传资源品种名录》

黑爪、麻羽是太行鸡最直观的特点

两天只产一枚蛋

不同于传统的蛋鸡笼养模式，"优食达"选择把鸡群散养在山顶上，这是为何呢？对此，河北优食达农业科技有限责任公司董事长杨海增解开了我们心中的疑惑。"其实养鸡最大的风险就是疫病，防疫是重中之重，所以鸡场的选址非常重要。"他说。鸡场如果建在平原地带，附近的工厂、车辆排放的尾气等，都会对鸡群有一定的影响，因为空气是流通的。经过多方考虑，最终将鸡场建在这个海拔800米的山顶上。利用得天独厚的自然环境，让鸡群健康快乐地成长，降低患病率，全程不用药，真正做到生态养殖，产出生态、有机的高品质鸡蛋和鸡肉。

想要打造自己的品牌，首先就得严把质量关。"优食达"对鸡蛋品质的严格把控，在业内传播甚广。公司不仅研发了"六统一全程净养管理模式"，还引进了国际先进的自动检测、分选与包装设备，从种苗引进到蛋品分装，经过严格的清洗、紫外线杀菌、光检分级等10道工序，确保每一枚鸡蛋安全可追溯。目前，公司每小时加工能力达3.2万枚，并且实施"一蛋一码"，可以让消费者随时随地掌控每一枚鸡蛋的生产环境、母鸡的吃料、用药等情况，全程追溯安全鸡蛋的生产。

杨海增坦言，公司的产品均达到了食品安全的标准，让消费者买得安心、吃得放心，是"优食达"的基本准则。公司已形成覆盖河北、河南、北京、天津、广东、广西等地的销售网络，未来将立足现有网络，进一步辐射全国。养殖基地也先后获得河北省重点龙头企业、河北省名牌产品、国家农业标准化示范园区、河北省3·15消费者公认品牌企业、中国质量诚信企业协议会员、河北省三十佳农产品品牌、河北省十大优质品牌鸡蛋、绿色生产示范单位等多项殊荣。

民以食为天，食以安为先。有着"无污染""纯天然"之称的有机绿色食品越来越受到人们的喜爱和青睐，产业呈快速增长的态势。品牌的成功打造从来都不是一蹴而就的，需要多维度协同发力。我国中高端鸡蛋市场兴起，品牌化发展激活了无穷的消费潜力。高端蛋业品牌想要在升级鸡蛋品类中迅速站稳脚跟，高品质仅仅是成功最基本的要素，还需要洞察新时代消费者的需求，打造产品的核心购买理由，围绕客户建立情感连接、提升客户黏性，在品牌营销打造上下功夫，创造线上线下协同消费场景。

目前，优食达产品已在全国布局了零售、电商、餐饮、加工等多个渠道。产品有小笨香可生食土鸡蛋、天凯太行山生态鸡蛋、有机鸡蛋系列、爱浓富硒鸡蛋、天凯五福柴鸡蛋、天凯谷语柴鸡蛋韭菜水饺、小笨香太行笨鸡等，可满足不同人群的多种需求。在推动企业持续发展的同时，更多追求产品的"纯"、质量的"优"、消费者的"诚"、市场的"信"，这是"小笨香"品牌价值的灵魂，也为"优食达"的发展奠定了坚实的基础。

"确保每一枚鸡蛋和每一份鸡肉的安全"已经深入每个优食达人的骨髓。优食达会继续坚守食品安全底线，始终以"为消费者提供安全、美味和营养的产品"为宗旨，以"推动中国蛋品产业，带领农民脱贫致富"为己任，立志成为行业标准的建立者、行业标杆的树立者，守护千万家庭舌尖上的安全和营养。

0 抗生素　0 激素　0 沙门氏菌

安全到可生食的土鸡蛋

只为给千万家庭一枚

可生食
土鸡蛋

双标准 更安全 更营养

34种抗生素 激素 沙门氏菌 5种重金属 三聚氰胺
未检出　未检出　未检出　未检出　　未检出

30枚　净含量
　　　1.2kg

执 行 标 准
Q/TKSP 0002S 可生食土鸡蛋标准
DB1305/T 10 太行山生态放养鲜鸡蛋标准

蒙羊食品

北方的冬季,大雪封门,吃一顿涮羊肉火锅,足以抚慰一天的疲劳。河北蒙羊食品有限公司提供原汁原味的羊肉,该公司牛羊肉原料主要来自澳大利亚和新西兰天然牧场,部分来自内蒙古大草原。

发展至今,公司已经成为一家集农副产品加工、冷藏物流仓储于一体的清真食品公司。公司旗下主营牛羊肉产品,分为五大系列,分别是清真牛羊肉火锅系列、清真牛羊肉熟制带骨火锅系列、清真牛羊肉火锅伴侣系列、清真牛羊肉水饺系列、清真牛羊肉涮烤系列。飞天羊系列羊肉卷选用精选羔羊肉为原料,经人工修剃,去筋去膜,让产品在真空负压的状态下,进行百次摔打,使肉质更加绵软。在经典2:8肥瘦比例的搭配下,味道更加醇香,更迎合当代消费者对牛羊肉的要求。

锡利得勒系列属于零添加的原肉切割,口感上汁水饱满。这款产品最吸引人的地方就在于它的"原汁原味"属性,在日常食用中不管煎炸、烧烤,还是火锅都能给食用者带来更好的体验。

蒙羊食品在线上线下均有销售,线上在京东销售全品项产品,并得到广大消费者的一致好评,在销售第一年就收到了京东颁发的"后起之秀奖"。微商团购会通过快递的方式把产品送到消费者手中,好评率达97%以上。线下销售有餐饮、流通、商超三大渠道,消费者在社区就能购买。蒙羊食品2019年被评定为邢台市重点龙头企业、安全生产标准化达标企业,2020年被评为优秀农业产业化龙头企业,2021年被评为河北省农业产业化重点龙头企业。

河北蒙羊食品有限公司

社会责任感是企业的良心。蒙羊食品从成立以来，积极参与社会公益活动，参与脱贫攻坚，给广大消费者提供健康安全放心的牛羊肉，带动周边村养殖户共同致富。公司探索出"食品公司+养殖基地+养殖户"的运营模式，上连河北蒙羊食品有限责任公司，下接养殖基地和养殖户，以促进牛羊养殖产业发展为目标，为养殖农户提供科技和营销支撑，实行统一培训、统一供料、统一防病灭病、统一销售、统一核算分配的"五统一"经营管理模式，并取得了明显的经济效益、社会效益和生态效益。

为了解决贫困劳动力就业问题，公司特别提供适合的就业岗位。蒙羊食品积极响应上级号召，以小寨村为帮扶重点，注入帮扶资金。2018年河北蒙羊食品有限责任公司被巨鹿县评为精准扶贫爱心企业。

随着消费环境的升级，生产企业也在随之发展变化。蒙羊食品也从最初的"吃好吃饱"策略，逐步上升到现在的"吃得好、吃得健康"，最终到产品"健康美味"。为此，蒙羊食品也一直不断创新，接纳顾客的反馈意见，改进自身产品，塑造品牌。

蒙羊食品产品

争创集团

争创集团是一家以食品加工为主，涉及种禽养殖、鸭苗放养、饲料加工等领域的大型现代化农牧企业集团，2023年被评为国家级农业产业化重点龙头企业。集团致力于整个肉鸭产业链发展，以养殖基地为依托，坚持种鸭养殖、鸭苗孵化、饲料供应、合同放养、肉鸭回收、屠宰加工一条龙生产，发展一体化经营，封闭式运作，从而保证产品从源头到各环节的安全性和可追溯性。

食品公司

争创食品公司位于争创集团总部，成立于2012年，占地百余亩，拥有员工近千人，总投资近亿元，采用国内一流全自动流水线生产工艺，是一家专业从事肉鸭、生鸡屠宰的定点屠宰企业。年屠宰肉鸭2400万只，年生产鸭肉7万吨，冷藏能力2000吨，在河北省首屈一指。2023年公司被评为国家级农业产业化重点龙头企业。

公司致力于发展畜牧产品加工业，通过了ISO 22000食品安全管理体系认证。公司严格执行体系标准，为消费者提供安全、放心、营养、美味的冷鲜肉食品。公司产品以肉鸭分割产品为主，以特色订单产品为辅，品种多达百余种。凭借"安全、放心、营养"的产品质量，产品远销北京、上海、天津、河北、河南、山东、山西、湖南、湖北、四川、重庆等多个省份，在市场享有盛誉。

公司自成立以来，始终把提供岗位、吸纳就业作为企业应尽的社会责任，在扩大社会就业方面做出了积极的贡献。公司为周边村镇提供就业岗位1200多个，帮助村民实现就近灵活就业、增加收入。此外，公司高度重视高校毕业生的就业问题，与中国农业大学、河北农业大学、河北工程大学、邢台学院等高校建立合作，定向培养技能，提高学生就业能力，每年招收大学生100多人。

种禽场

种禽场地处太行山脉，位于冀南明珠河北省沙河市境内，坐落在群山环抱的西九家大西岭，周围几公里绿树葱茸、泉水汩汩，这里环境优美，地理条件得天独厚，是种禽养殖的理想场所。

河北争创食品有限公司

种禽场主要从事父母代樱桃谷种鸭养殖和商品代鸭苗的孵化,拥有7处养殖基地和2个孵化中心,每年可提供6000多万只商品代鸭苗。种禽场严格执行消毒、卫生防疫制度和科学的免疫程序,确保种蛋、肉鸭的产品质量,为提供健康的鸭肉产品打下了坚实的基础。

争创种禽场是河北省重点农业产业化项目,目前是河北肉鸭行业孵化规模最大、种鸭存栏最多、产品辐射面最广的行业龙头企业。

调理品公司

争创集团于2021年11月成立调理品公司(中央厨房项目),投入近千万元资金。该公司专业生产速冻调制食品,品种有速冻调理鸭肠、速冻调理猪蹄、速冻调理鸭肉丝等菜肴制品。公司年产能力达4000吨,年营业额4000万元。

公司新建现代标准化车间一处,拥有国内先进的食品加工设备,如切片机、切丝机、滚揉机、制冰机、金属探测仪等几十种生产设备。速冻库、成品库各一座(先进的制冷设备)。该调理车间于2022年1月17日办理食品生产许可证,2022年6月22日获得食品安全管理体系ISO 22000认证。

公司主要生产加工畜禽系列产品、深加工产品,也可提供定制化服务,品种多达几十种。调理产品依托现有的销售渠道,销往北京、上海、天津、河北、河南、山东、山西、湖南、湖北、四川、重庆等多个省份的大型商超。

养殖服务公司

养殖服务公司面向农户签订养殖合同，实行统一供苗、统一供料、统一管理、统一防疫、统一技术指导、统一回收、统一结算的"七统一"模式。无市场风险的业务前景，确保养殖户能快速熟练掌握饲养技术，获得稳定的效益。

公司建立肉鸭生态高效养殖体系，推进网床饲养生态技术模式，研发肉鸭全程配合饲料，优化改造通风换气与保温等生产工艺，达到生态健康养殖的标准。强化推行农户规范建棚与标准化养殖。鉴于肉鸭养殖发展速度快，棚舍建造标准不一，养殖技术欠缺等基础问题，公司在2012年度率先编写了《樱桃谷肉鸭饲养技术规范》标准，并经审定为邢台市地方标准进行推广实施。强化肉鸭营养与健康养殖技术创新研究，开发肉鸭全程配合饲料系列，达成商品雏鸭39天生长到3千克以上、成活率达98%、料肉比1.70的养殖成效。公司处于国内同行业的领先水平。在节约资源保护环境方面，公司树立了先人一步、早试早行的生物转化利用的创新理念，在推进温室大棚网床规范养殖的基础上，进行发酵床养殖实验，利用现代微生态技术，使粪污在稻糠发酵床内直接发酵处理后变成有机肥料，此方式具有极大的推广应用价值。

目前，公司已把邢台开发区、南和区、任泽区、沙河、柏乡、威县、临城、南宫等周边十几个县市作为生产基地与养殖基地，建设300万只规模容量的合同鸭养殖基地，带动农户5000余户，增加农民收入近7000万元，有效地促进了农村一二三产业融合发展，为打赢脱贫攻坚战和实现全民小康发挥了示范引领和积极带动作用。

饲料公司

　　争创饲料公司主要生产肉鸭、蛋鸡、肉鹅、猪等各类饲料。生产和品管的检测设备从国外引进,严格执行入厂原料100%检验。公司根据各地畜禽生长时期对营养的需求,设计不同的工艺配方,并引入动物营养和现代饲料生产等科学理念,严格按照国家饲料和饲料添加剂管理条例要求,生产安全、营养、高品质的饲料产品。生产全程使用计算机控制管理,配料精确、无污染。产品具有安全稳定、健康和利用率高等特点,畅销周边15个省份、300多个县市,在广大用户中享有盛誉。

　　长期以来,公司一直坚持"以质量求生存、以科技求发展"的经营原则,聚焦用户需求,努力挖掘农牧市场的发展潜力,不断为用户提供质优价廉的高品质产品,树立良好的社会形象。公司先后被评为全国饲料30强企业、中国驰名商标、中国驰名品牌、河北工业百强企业等。2016年公司顺利通过《饲料质量安全管理规范》国家级示范企业的验收。

赵阔腌肉

"轻烧文火酌蘸糖,盐浸油封坛子装。最爱农家腌肉面,饱嗝三日有余香。" 5000年华夏文明,2800年临城腌肉。

临城腌肉最早可追溯到西周的虢国,虢国太子因战败逃难到歪脖山(现在的东山,位于东沟村)。相传太子会医术,深受百姓敬重,百姓送肉以表感谢,太子将肉油炸存放。后来将此技艺传给赵某,流传至今,才有了今天的赵阔腌肉。

赵阔食品有限公司是一家致力于腌肉产业科学技术研究、腌肉加工、肉制品加工研发的综合性全产业链食品企业。公司产品有2800年的历史文化传承,其中赵阔腌肉经五代相传、世代研究,用古法工艺一直传承至今,现已荣获非物质文化遗产和燕赵老字号荣誉。公司的创始人赵阔本人也是临城腌肉传承人。腌肉工艺采用古法工艺,即挑选→分割→清洗→煮制→上色→高温脱水脱脂→油封→恒温存储,由八道工序而成,口味独特,其特点是肥而不腻、瘦而不柴。公司如今已制定了中国腌肉第一个制作标准,是邢台市农业产业化重点龙头企业。

赵阔食品有限公司产品

公司现在已经形成集源头养殖、产品研发、生产加工、市场销售、餐饮管理于一体的现代化企业。

企业定位：赵阔食品是致力打造全产业链的食品品牌，对儿时记忆里"家与年"的味道进行分享与传播；打造一款能代表河北的伴手礼，一张能代表燕赵河北的美食名片，成为中国腌肉第一品牌。

"赵阔腌肉"始于1886年，经六代相传、世代研究，古法工艺传承至今。现已荣获"市级非物质文化遗产"及"燕赵老字号"荣誉，品牌创始人赵阔先生即为"临城腌肉非遗传承人"。

赵阔腌肉坚持使用太行山散养土猪，并精选了三层五花，经八道腌肉古法工序制作而成。

赵阔食品有限公司产品

赵阔腌肉采用古法工艺，在保证传统口味上升级新工艺，特定时间、特定温度下可实现脱水、脱油、脱盐的"三脱"工艺，使每100克赵阔腌肉中钠含量低至276毫克，口感肥而不腻、瘦而不柴，从真正意义上做到低油低盐，颠覆了人们对临城腌肉多油多盐的传统观念。公司还定制食品级专业设备，采用121℃高温灭菌工艺，使腌肉在不添加任何防腐剂的情况下可以常温存放，真空包装更方便存储和运输。

公司还建成了标准化、科技化、半自动化的腌肉加工生产线，可实现腌肉日产能10吨，腌肉香菇酱日产能16000瓶。拥有古法臻选、臻选、特选、严选四大系列产品，全系列产品均选用9个月以上的自然散养土猪，猪肉肌间脂肪充分生长，口感极佳，品质上乘。

截至2023年，公司已建立2个种猪培育基地（180头猪种）、4个源头养殖基地（2000头黑猪），培育了自己的黑猪品种"临城黑"；统一标准化养殖流程，猪也有了自己的身份证，一猪一码，实现源头可追溯。公司采用"公司+村集体+农户"合作模式，与村集体合作建立种猪培育基地，并带领460余户村民脱贫致富，4个村集体经济增收。

赵阔食品有限公司养殖基地

佳牧和食品

　　河北佳牧和食品有限公司成立于2013年3月,位于南宫市铜锣湾公馆东门,现有员工40余人,年生产能力约3000吨,是集技术研发、生产、销售于一体的专业性食品企业,产销量居邢台市前列。产品包括南宫熏菜(香肠)、特色熏肉、烧鸡、猪头肉等,线上销售渠道覆盖京津冀,并辐射周边各个省份。本地开设了3家直营连锁店,产品入驻京东,并同时运营多个抖音、快手直播间。

　　佳牧和2019年被评为河北省科技型中小企业,2020年被评为省级扶贫龙头企业,2021年被评为邢台市优秀农村科研示范基地,2023年入选河北餐饮协会理事单位,2023年入选河北商标品牌协会常务理事单位,2023年"佳牧和南宫熏菜"被评为河北名吃,2023年代表南宫参加河北广播电台"冀有好物"南宫专场,获得"严选好物"称号。

河北佳牧和食品有限公司产品

公司按照食品厂的生产标准设计建造，布局合理、设施完善、设备先进、食品安全保障措施健全，通过过程控制实现安全管控。公司将始终本着品质至上、传承经典的企业宗旨，不断进行管理创新和技术创新，坚持以市场需求为导向，以生产让百姓放心的食品为己任，实现规模化持续化发展，争取为社会做出更大的贡献。

和城卢氏带鳞酥鱼

和城卢氏带鳞酥鱼,最早起源于清朝末年,距今已有百年历史,南和酥鱼是邢台的地方名吃。有史料记载:"和阳(南和)食粮不愁菜,顺手河里把鱼逮。"据南和和城酒家总经理、卢氏带鳞酥鱼第三代传人卢有理介绍,他的祖父是当年最有名的酥鱼制作高手。

传说光绪二十七年(1901年),八国联军之乱后,西逃的慈禧太后于10月中旬返京路过邢台,顺德府官吏为讨好老佛爷,把各县庖厨高手集中府衙制作美食,其中就有南和"卢氏带鳞酥鱼"。史载慈禧曰:"食鱼万条,不识能带鳞而食之。"食后,慈禧胃口大开,顿解劳途奔波之困,连声说好,遂封为贡品。由此"卢氏带鳞酥鱼"名声鹊起。

卢有理的祖父不仅多年摸索酥鱼制作工艺,还精通中医理论,按照李时珍《本草纲目》有关鱼鳞有"活血化瘀利气"之功效的描述,刻苦钻研制作工艺和配方,制作出独特的带鳞酥鱼,即享美味,又得食补。

作为第三代的和城卢氏带鳞酥鱼传承人卢有理,他将传承与创新相结合,在原祖传配方的基础上,依据我国传统中医养生理论,精选48种天然名贵的滋补料和药食源植物,科学配方,使带鳞酥鱼含有高钙、高蛋白、低脂肪、富含脑黄金、脑白金、30多种维生素和多种不饱和脂肪酸。"带鳞"是和城酥鱼最与众不同的地方,作为特殊的保健食品,鱼鳞含有较多的卵鳞脂,丰富的蛋白质、脂肪和铁、锌、钙等多种人体必需的微量营养元素以及多种不饱和脂肪酸。

不仅"鱼绝",更在"味绝"。卢氏带鳞酥鱼的"料窖"工艺和神秘配方,是百年不外传的独家绝技,不仅做鱼时隔街闻香,料的营养和味道更能渗透到每一根骨刺,可谓是酥到骨头里的香,被誉为"百年经典、燕赵一绝"。出锅后的酥鱼,鱼形完整,吃起来鱼鲜肉香,骨酥刺烂,酥鱼从头到尾、从刺到骨不扎嘴、不刺喉,一点也不浪费,可谓是"一刺不留"。

和城卢氏带鳞酥鱼

2015年卢氏带鳞酥鱼注册为"和城卢氏"国家商标,2015年11月出版的《1979年—2009年南和县志》中把和城卢氏带鳞酥鱼制作工艺载入史册。

2016年,和城卢氏带鳞酥鱼被评为邢台市知名商标,同年获邢台市非物质文化项目。

2017年5月,央视七套《乡村大世界》栏目组走进南和,和城卢氏带鳞酥鱼参加《宋璟外传》宋璟品尝卢氏带鳞酥鱼一折戏,再现了卢氏带鳞酥鱼从选料、制作工艺,最后到宋璟品尝后大发赞赏的片段。

2018年10月,和城卢氏带鳞酥鱼参加邢台市委、宣传部举办的邢台市非物质文化遗产产品博览会。

2018年12月,和城卢氏带鳞酥鱼制作工艺传承技艺文化,载入邢台文史资料第二十一辑《邢台非遗文化》。

2019年7月,和城卢氏带鳞酥鱼被评为"燕赵老字号",同年12月,卢氏带腾酥鱼传统制作技艺被评为省级非物质文化遗产。

2019年12月,央视十套栏目《中国影像方志》,录制了卢氏带鳞酥鱼的相关内容。

编后记

太行巍巍，百泉竞流，美丽邢台，是我家园。

这里有自然天成的雄壮秀丽，有深情款款的悠远辽阔，有勤劳勇敢的质朴，有奋发图强的激怀。我们生于斯长于斯，我们深爱着脚下的大地、山川、河流，以敬畏之心，守护大自然的每一份馈赠。

农业，是一个城市的底色，5000年文明流淌其中；农业，也是一个城市最生动的名片，一粮一果、一蔬一药，每一个物产，都是山川地理、资源气候的外在呈现。编写这本关于农业品牌故事的图书，我们不单单是在讲述，也是在表达自己内心的热爱。我们希望它呈现给大家的是一幅阳光照耀下的北纬37°的山水田园画卷。我们更希望读者通过本书所呈现的文字，爱上美丽的邢台，爱上邢台大地上的风物。

本书主干内容由邢台市农业农村局以及各县市区农业农村局提供，后由编撰组整理并查阅相关文献资料，数易其稿编写而成。虽然受限于时间和能力，无法将邢台农业这块美玉雕琢得璀璨夺目，但也可见其灼灼风华。

再次感谢每一位参与其中，为此书成稿而付出努力的朋友们。

希望有更多人关注和支持邢台农业品牌建设，为促进农民增收，也为实现乡村振兴，尽已所能！

邢台农物成
上成
岁物
丰成